Tía Lili:

Te mando este libro
de recetas que espero te
sea de mucha utilidad.

Con mucho cariño

Alicia
2/JUL/03

Las mejores recetas de la comida diaria

Para Manuel mi esposo
para mis hijos Ma. de Lourdes, Ma. Elena,
Manuel y Ma. Eugenia;
quienes han participado por tantos años
en el ritual de sentarse a mi mesa

Lourdes Pérez Castaños

Las mejores recetas de la comida diaria

PROMEXA

Fotografía de portada: Alberto Vega
Diseño de portada: Departamento DTP del Grupo Patria Cultural

Las mejores recetas de la comida diaria
Derechos reservados
© 1997, Lourdes Pérez Castaños
© 1997, EDITORIAL PATRIA, S.A. DE C.V.
bajo el sello de Promexa
Renacimiento 180 Colonia San Juan Tlihuaca
Delegación Azcapotzalco, C.P. 02400, México, D.F.

Miembro de la Cámara Nacional de la Industria Editorial
Registro número 046

ISBN 968-39-1614-7

Impreso en México
Printed in Mexico

Primera edición: 1997
Primera reimpresión: 1998
Segunda reimpresión: 1999

Introducción

A petición de mis hijas, reuní las recetas de los platillos que disfrutaron durante años en la mesa familiar. Fue también idea de ellas compartirlas con otras amas de casa.

Son recetas de la cocina de mi madre y de familiares y amigas, que recopilé durante años —150 para ser exacta— seleccionándolas entre las más sabrosas, fáciles y económicas y tomando en cuenta primordialmente que fueran nutritivas y sanas.

Los platillos y antojitos mexicanos los he incluido por sabrosos y porque son para ocasiones especiales, lo mismo que las recetas "de lujo".

Mi deseo es que sean de tu gusto y utilidad.

A lo largo de tantos años de cocinar, he observado que la gente generalmente cree que el buen comer significa platillos costosos y elaborados. Sin embargo, en mi experiencia he comprobado que abarca los siguientes requisitos:

—Que la comida sea sabrosa y esté bien condimentada.

—Que los alimentos estén bien balanceados, en lo que se refiere tanto a propiedades nutritivas como a la adecuada combinación de ingredientes.

—Que los alimentos sean fáciles de preparar y no esclavicen a nadie en la cocina; cocinar no debe representar un esfuerzo ni en la elaboración ni en costo y tiempo.

Estoy convencida de que comer bien consiste en ese toque especial que se le da a la comida y la hace diferente todos los días, convirtiéndola en uno de los mayores placeres de la vida.

Este libro está orientado al buen comer y a comer bien; a que el ama de casa deje de padecer con la preocupación diaria de darle a su familia una comida sabrosa, económica y nutritiva.

y la sensación de paladear los alimentos, pero también con la facilidad, la sencillez y la economía.

Las personas que disfrutan de la comida casera encontrarán en ellas información confiable y comprobada.

La filosofía del libro es que la comida diaria no tiene por qué ser insulsa, repetitiva o carecer de novedad. Por eso incluye platillos tan tentadores como los tradicionales antojitos mexicanos y algunos platillos más elaborados y desde luego de mayor costo para ocasiones especiales.

Es un libro rico en experiencia, en sabores y en diversidad de platillos, que contiene el secreto para que la comida de todos los días esté llena de posibilidades tanto para el que la prepara como para el que la disfruta.

Encontrarás recetas que al parecer ya conoces —sólo al parecer— porque los ingredientes y forma de preparación son distintos a los conocidos.

Se ha puesto especial atención en que cada receta sea sencilla y fácil de seguir. No se necesita ser una excelente cocinera ni una *chef* para prepararlas. Además, los ingredientes son fáciles de conseguir y no se requiere de equipo especial para su elaboración.

Como consejo, casi cualquier receta puede prepararse en cantidades mayores para congelar y guardar hasta que se necesite. Prepararlas en mayores cantidades ahorra tiempo y dinero sin pérdida de sabor.

Por otra parte, las personas que no disponen de mucho tiempo para preparar platillos complicados encontrarán aquí una alternativa.

Los alimentos existen para ser saboreados, disfrutados; una alimentación sana, casera, es la base del bienestar integral.

Es mi deseo que estas recetas, que han alimentado a cuatro generaciones, den testimonio del sazón de la experiencia y de la facilidad y la economía con que se puede hacer un banquete de la comida de todos los días.

Entradas

Dips para botanas

1/4 de crema
100 gramos de queso crema
Sal de cebolla, de ajo o polvo de camarón

Se licúa todo y se toma con papas fritas o verduras crudas como tiras de zanahoria o de apio, rabanitos, coliflor, etc.

1/4 de crema se licúa con jamón y chiles chipotles, al gusto.

1/4 de crema se licua con aguacate, cebollín o bien cebollitas de cambray y chiles jalapeños, al gusto. Se toma con doritos o fritos.

Aderezo para ensaladas

1 1/2 cucharadita de sal
1 cucharadita de azúcar
1/2 cucharadita de mostaza en polvo o crema
1/4 cucharadita de pimienta blanca
3/4 de taza de aceite de maíz (de preferencia)
1/4 de taza de vinagre

Se usa para ensaladas verdes o legumbres cocidas.

Dip de chiles poblanos

3 chiles poblanos, asados, desvenados y hervidos con sal
1 queso doble crema

Se licúan las dos cosas y se mete al refrigerador. Se sirve con papas o tostaditas.

Mousse de aguacate

A tres aguacates grandes molidos, se les agrega una cucharada de cebolla finamente rallada y dos sobres de gelatina *Knox* que se habrán disuelto en media taza de agua y hervido a fuego lento hasta que esté transparente. Se vacía esto en un recipiente hondo y se le revuelve poco a poco 2/3 de taza de mayonesa y 2/3 de taza de crema, sazonándolo con el jugo de medio limón, salsa inglesa, salsa tabasco, sal y pimienta blanca. Inmediatamente se sienta el recipiente sobre hielo y se revuelve con espátula de hule hasta que se vea el fondo.

Se vacía en un molde de rosca engrasado con mantequilla o aceite y se mete al refrigerador por una hora y media más o menos. Para servirse se voltea en un platón.

(Este mousse se tiene que hacer el mismo día).

Mousse de camarón

1/2 kilo de camarón de coctel cocido
1/2 cebolla mediana
2 limones
2 quesos Filadelfia de 190 gramos cada uno
1 1/2 sobres de gelatina sin sabor
Sal, pimienta, salsa tabasco y salsa jugo sazonador

Se pica la cebolla muy finamente y se le pone el jugo de los limones, sal, pimienta, las salsas tabasco y jugo sazonador al gusto. Esto se vacía sobre los camarones, que se habrán picado también muy finamente, y el queso, machacado con un tenedor. Si queda seco, se le agrega una poca de crema o leche. Si se desea también se le puede agregar pimiento morrón de lata, Por último se le mezcla la grenetina disuelta en dos cucharadas de agua caliente. Se vacía en un molde untado con mantequilla y se mete al refrigerador. Se prepara la víspera, para desmoldarse al día siguiente sobre un platón, de preferencia redondo, para rodearlo de galletas.

Mousse de champiñones

1 lata grande de sopa de champiñones
1 queso Filadelfia grande
2 sobres de gelatina sin sabor diluidos en media taza de agua
2 latas chicas de atún
1 lata chica de chile pimiento morrón
1/2 taza de cebolla finamente picada
1 taza de mayonesa

Se pone la sopa a la lumbre y ahí se le revuelven el queso, el atún muy bien desmenuzado, chiles y cebolla picados, la gelatina disuelta en el agua y por último la mayonesa. Se mete al refrigerador a que cuaje en un molde untado con aceite.

Ensalada de papas con espárragos

1 lata de puntas de espárragos
1 lata de chiles pimientos morrones
1 frasco de mayonesa
1/2 litro de crema agria
1 kilo de papas

Las papas cocidas se pican al igual que los espárragos. Se mezclan la crema y la mayonesa con los chiles morrones molidos y con esto se envuelven las papas y los espárragos.

Ensalada griega

1 lechuga romanita
1 jitomate grande
1 apio
1 queso crema
1 huevo cocido
2 cucharadas de aceite de olivo
Aceitunas deshuesadas

Se corta la lechuga en cuarterones. Se corta lo demás en cuadritos y se revuelve todo con el aceite y las aceitunas.

Ensalada de manzana

1 kilo de manzana roja
1/4 de litro de crema espesa
1/8 de litro más o menos de mayonesa
1/4 de kilo de queso Cottage
Nuez y apio al gusto

Se cortan las manzanas en cuadritos. Se mezcla todo y si se quiere se sirve sobre hojas de lechuga romanita.

Ensalada de frutas (o postre)

450 gramos de coctel de frutas (de lata)
450 gramos de piña en cubitos
450 gramos de queso Cottage
100 gramos de Miracle Whip (producto americano)
2 tazas más o menos de crema batida
30 gramos de gelatina de cualquier sabor

Se escurren las frutas durante 3 ó 4 horas. Se mezclan los cuatro ingredientes en el orden anotado y por último se salpica con la gelatina, envolviendo hasta terminarla.

Gelatina de betabel

3 betabeles medianos
2 tallos de apio picado
125 gramos de nuez picada
1/2 taza de mayonesa
1 gelatina grande de limón amarillo o verde o bien de piña

Se cuecen los betabeles con una poca de azúcar. En el agua de los betabeles (en la cantidad indicada en las instrucciones de la gelatina) se disuelve la mayonesa (en poca agua para que no se haga grumos) y se le agregan los betabeles partidos en cubitos, el apio y la nuez y se mete a cuajar al refrigerador. Si se quiere que el relleno quede en medio de la gelatina, se pone a medio cuajar la mitad, se le agrega el picado y encima el resto de la gelatina.

Coctel de naranja

6 tantos

1 vaso de vino tinto
1/4 kilo de ciruelas pasas   (300 gramos para 8 tantos)
10 naranjas   (12 para 8 tantos)
1/2 taza de agua   (3/4 de taza para 8 tantos)

Se cuecen las ciruelas en el agua y el vino hasta que se suavicen. Se deshuesan. Se saca la pulpa de las naranjas y el jugo y se revuelve con todo, endulzándolo al gusto. Se mete a enfriar al refrigerador (para servirse al empezar una comida o cena).

Coctel de aguacate

8 aguacates grandes
2 tazas de salsa de tomate (cátsup)
1/2 taza de salsa inglesa
1 taza de vino blanco
Jugo de limón, sal y pimienta al gusto

Se mezclan los líquidos, se ponen a helar los aguacates, se pelan, se colocan en ocho copas y se les vacía la salsa a la hora de servirse.

Sandwiches

De atún o salmón

Se enjuaga, se seca y se desmenuza una lata del pescado. Se mezcla con 3 cucharadas de mayonesa, 1 cucharada de salsa Perrins y 2 cucharadas de salsa picante. Se sazona con sal y pimienta y se unta en rebanadas de pan de caja con mantequilla.

De queso

Se pica muy finamente 1/4 de kilo de tocino. Se fríe hasta que esté muy doradito, se le agrega un pedacito de cebolla, un diente de ajo y sal y 1/4 de jitomate picado, y por último se le revuelven dos huevos. Se retira del fuego y cuando está a medio enfriar, se le mezclan 2 cucharadas de salsa de tomate y 250 gramos de queso de bola rallado. En seguida se unta el pan.

En niño envuelto

Se toman dos rebanadas de pan de caja descostradas. Se untan de mantequilla suave, encima una rebanada de jamón y otra de queso amarillo, o bien, jamón endiablado, paté, pollo molido con mayonesa, etc. Se enrollan apretados y se envuelven en el mismo papel del pan de caja amarrándoles las puntas y se meten al refrigerador. Ya para servirse se rebanan con un cuchillo muy filoso.

▲▼▲

Rollitos de berros

Se pican las hojas y se les revuelve mayonesa. Con esto se untan las rebanadas de pan descostradas, que previamente se habrán aplanado con un rodillo y se enrollan apretadas. Por último se envuelven en un trapo húmedo, para que peguen y se meten al refrigerador.

Sopas

Crema de nuez

1 cucharada de mantequilla
2 cucharadas de harina o maizena
1 litro (o más) de consomé de pollo sazonado con apio, perejil, cilantro, zanahoria, ajo, cebolla, nabo, etc.
1/4 de litro de crema
100 gramos de nuez pelada, almendra o piñón
Cebolla, ajo y pimienta blanca al gusto

Se acitronan en la mantequilla el ajo y la cebolla picados y la harina hasta que dore. Se le va agregando el caldo poco a poco a que hierva, y cuando esté muy caliente se le disuelve la nuez, que se habrá licuado en un poco de caldo tibio (la licuada es rápida para que no suelte grasa). Se deja que se caliente bien, sin que hierva, y se vacía poco a poco en la sopera, en donde estará ya la crema.

Crema de jitomate

Se pone a hervir el jitomate. Se muele con ajo y cebolla y se cuela. Se le pone tantita azúcar para quitarle lo ácido. Se pone en el fuego una cacerola con un poco de aceite y ahí se fríe una poca de maizena y se le va agregando poco a poco lo licuado y leche hervida, hasta tener la consistencia deseada. Si se quiere más espesa, se le incorpora una lata de sopa de tomate. Bien caliente se vacía en la sopera en donde estará ya la crema.

Nota: Si se le pone la sopa de lata se suprime la maizena.

Crema de flor de calabaza

300 gramos de flor de calabaza ya limpia
  (dos manojos más o menos)
2 cucharadas de cebolla finamente picada
3 cucharadas de mantequilla
1 cucharada de maizena
2 tazas de leche hervida
1 taza más o menos de caldo

Se lavan muy bien las flores y se escurren y secan. Se fríen en la mantequilla que ya estará derretida en una cacerola. Se tapa y se deja hervir a fuego suave unos 10 minutos. En otro recipiente se fríe una cucharada de mantequilla con la cebolla y la maizena y se le va añadiendo poco a poco la leche sin dejar de mover para que no se haga grumos. Por último, se le agregan las flores licuadas en el caldo y se deja hervir unos cinco minutos.

Nota: Si se prefiere, se le puede agregar una lata de sopa de flor de calabaza, en vez de la maizena. Queda más espesa y con más sabor.

Crema de haba seca

Se ponen a cocer dos tazas de haba con ajo, cebolla, sal y una ramita de cilantro. Una vez cocida se licúa con media taza de cilantro (más o menos, al gusto). Y por último se fríe, agregándole el agua necesaria para conseguir la consistencia deseada. Se sazona con una cucharada de consomé de pollo. Se sirve bien caliente con chiles serranos picados y aceite de oliva, que se pondrán en la mesa. Si se prefiere roja, se le fríe una cucharada (de cocina) de puré de tomate y menos cilantro.

Sopa de jitomate

Se fríe harina en mantequilla y se le agrega puré de tomate mezclado con jitomate licuado y colado, sal, pimienta y salsa inglesa. Se deja hervir, se le pone una pizca de carbonato y por último se le agrega leche.

Sopa de elote

8 elotes
2 litros de leche
120 gramos de mantequilla
1 cebolla
1 cucharada de harina

Se fríe la cebolla rebanada en la mantequilla, se agrega la harina y cuando está ligeramente dorada se le agrega la leche. Se deja hervir un rato, se cuela, se vuelve a poner al fuego y se le agregan los elotes ya cocidos y desgranados.

Sopa de lenteja

250 gramos de lentejas
20 gramos de mantequilla
2 cebollas
1/2 de litro de leche
4 yemas
100 gramos de queso parmesano

Se cuecen las lentejas, se licúan y se cuelan. Se fríe la cebolla picada en la mantequilla. Se le vacían las lentejas y la leche y se dejan hervir hasta que espesen como crema floja y se sazonan con sal y pimienta. Ya para servirse se vacían en la sopera, en donde ya estarán las yemas y el queso.

Sopa de huitlacoche

Se fríen en mantequilla: cebolla picada, harina o maizena y los huitlacoches, ya sean frescos o de lata. Se licúa esto en un poco de caldo de pollo y se vacía en la cacerola con el resto del caldo y granos de elote. Se sirve con cuadritos de tortilla dorados y cuadritos de queso fresco.

Con esto mismo, excluyendo el caldo, se rellenan crepas.

Sopa de hongos

Se fríen en mantequilla ajos finamente picados y los hongos frescos perfectamente lavados y rebanados. Se les vacía caldo de pollo y se sazona con epazote. Otra forma de hacerla es friendo salsa mexicana (ajo, cebolla, jitomate y cilantro), luego los hongos rebanados y caldo de pollo.

Sopa de queso y cilantro

Se fríe en mantequilla una cucharada de cebolla picada y una de maizena. Se licúa en un poco de caldo de pollo con una taza de cilantro y 1/4 de queso doble crema. Esto se vacía en una cacerola que tendrá 2 litros de caldo de pollo. Se deja hervir hasta que espese.

Sopa de aguacate

Se pone en la sopera bastante aguacate bien machacado y crema y se le vierte caldo de pollo hirviendo.

Sopa *minestrone*

150 gramos de alubia chica
2 madejas de fideo grueso
Ejotes enteros al gusto
Acelga picada al gusto
Zanahoria en tiritas al gusto
Cebolla picada al gusto
Tocino en cuadritos al gusto
Consomé en polvo

Se pone a cocer la alubia, que se habrá remojado la víspera, y cuando está ya casi cocida se le agregan las verduras y por último, cuando se hayan cocido éstas, al consomé 10 minutos antes de servirse se le echan las 2 madejas de fideo y el tocino previamente frito. Si se desea, ya servido en el plato, se le espolvorea queso parmesano y cuadritos de jamón.

Sopa de chile pimiento morrón

4 cucharadas de arroz
4 tazas de caldo
1 lata de pimientos rojos
1/2 taza de crema
1 yema ligeramente batida
Unas gotas de salsa tabasco
Sal y pimienta al gusto

Se cuece el arroz en el caldo. Se le agrega el pimiento licuado y colado y ya cuando se va a servir, se le agrega la yema disuelta en un poco de caldo tibio y la crema a que se caliente, sin que hierva.

Sopa de espárragos

2 litros de leche
1/2 kilo de papas
1/4 de litro de crema
2 latas de puntas de espárragos
1 cebolla grande
50 gramos de mantequilla
2 yemas
Sal y pimienta

Se pelan las papas. Se rebanan muy delgaditas. Se fríen con la cebolla, también rebanada, en los 50 gramos de mantequilla. Cuando está acitronada se agrega la leche y se deja hervir 20 minutos. Después se le agregan los espárragos ya molidos (a los que se habrá cortado la punta) dejándolos hervir 10 minutos. Para servirse se cuela sobre las yemas y las puntas de espárragos y la crema, que estarán ya en la sopera.

Sopa de papa y zanahoria

Cocidas las papas y las zanahorias se licúan y en el caldo hirviendo. Cuando están completamente desbaratadas se les revuelve jamón endiablado o cocido, o paté y se deja dar un hervor.

Sopa de queso amarillo

2 litros de caldo de pollo
50 gramos de queso amarillo
2 cucharadas de margarina
1 cucharada de maizena
1 taza de leche evaporada
Pimienta blanca al gusto
2 cebollas medianas

Se licúan la maizena, las cebollas y el queso, y se fríen en la margarina. Se le vacía el caldo y se deja hervir, hasta que espese. Ya para servirse se le agregan la pimienta y la leche.

Sopa de queso

200 gramos de tocino
150 gramos de mantequilla
200 gramos de queso amarillo
200 gramos de harina
3 yemas
1 clara
1 cebolla
2 jitomates
1 chile poblano en rajas
El caldo necesario para 10 personas

Se fríe en aceite la cebolla y el jitomate rebanados con el chile en rajas. Se agrega el caldo sazonado con sal y pimienta. Se deja hervir un rato hasta que se cuezan y se cuela. Después se vacía sobre el tocino partido en cuadritos y previamente frito y se le echan las bolitas de queso preparadas como sigue: se ralla el queso y se revuelve con la mantequilla, los huevos y una poca de sal y pimienta. Se le agrega la harina necesaria para que quede una masa manejable. Se forman bolitas y se van echando en el caldo a que hiervan unos 5 minutos antes de servirse.

Macarrón a la milanesa

Se cuece el macarrón en agua hirviendo con sal, pimienta, cebolla y clavitos y unas gotas de aceite. Se escurre, se coloca en un refractario untado con mantequilla. Se baña con salsa de jitomate y 1/2 taza de queso rallado, 2 cucharadas de vino blanco, mantequilla y tiritas de jamón y se mete al horno.

Espagueti (varios)

En salsa de jitomate

En agua hirviendo con sal y gotas de aceite, se echa a cocer el espagueti. Se escurre y enjuaga con agua fría. En un refractario engrasado se coloca la mitad, con trocitos de mantequilla o margarina, y se baña con la mitad de una lata de 400 grms. de puré de tomate, que se habrá preparado con ajo, cebolla, pimienta, sal, perejil y una poca de harina para espesarla un poco. En seguida se vacía la otra mitad y la salsa de tomate restante. Se cubre con queso Chihuahua o Manchego rallado y se mete al horno.

A la bolognesa

En la misma forma que el anterior, bañándolo con picadillo de carne, en vez de queso. El picadillo puede ser de carne de cerdo o de res sazonada con ajo, cebolla, jitomate sin pellejo y finamente picado, el suficiente para cocer la carne y que quede jugosa. Se sazona con sal, pimienta y perejil picado. Se sirve con queso parmesano o manchego rallado.

A la carbonara

Este espagueti se prepara a la hora de servirse. Ya cocido y escurrido, se le mezcla tocino perfectamente dorado y desmoronado, y se envuelve con huevos en crudo, bien revueltos, hasta que quede húmedo. Al servirse, se espolvorea con queso parmesano rallado.

A la crema

El espagueti, cocido, escurrido y enjuagado con agua fría se coloca en un refractario engrasado, en capas, y entre capa y capa se le pone queso panela, queso amarillo, trocitos de mantequilla y encima de la última capa queso Chihuahua rallado. Antes del queso se baña con crema. Se mete al horno.

Otras pastas

Tallarines

Los tallarines, dorados en aceite, se echan en un caldillo de jitomate preparado con ajo, cebolla, sal y pimienta y consomé de pollo en polvo. Se deja hervir hasta que esté suave. Se sirve con queso panela y rajas de chile jalapeño. En la misma forma se prepara el fideo seco.

Tallarines con espárragos

Los tallarines, cocidos en agua con sal y gotas de aceite, se escurren, se enjuagan con agua fría y se colocan en un refractario engrasado, en capas, y entre capa y capa se les pone sopa de espárragos en lata y crema, y encima de la última capa más crema y queso Chihuahua o Manchego rallado y se mete al horno.

Pasta de coditos

Los coditos cocidos en agua con sal y gotas de aceite se escurren, se enjuagan con agua fría, se vacían en un recipiente y se les mezcla lo siguiente: una lata de atún desmenuzado, trocitos de piña o apio y la mayonesa suficiente para envolverlos. Se sirven adornados con hojas de romanita y rebanadas de jitomate.

Canelones

Los canelones se echan en agua hirviendo con sal y unas gotas de aceite, dejándolos cocer 6 minutos más o menos. Se escurren y se colocan en una tabla para rellenarlos al gusto (pollo, picadillo de res o cerdo, atún, espinacas, flor de calabaza, etc.) y se envuelven en forma de rollito. Después se colocan en un refractario untado con mantequilla y se bañan con salsa al gusto, ya sea de jitomate o blanca, y se espolvorean con queso manchego, metiéndolos al horno precalentado a 225°C durante 15 minutos más o menos.

Arroz compuesto

Al arroz rojo, preparado con jitomate, al echarle la primera agua se le agregan trozos de pechuga y piernas de pollo ya cocidos, ejotes en trocitos, zanahorias en rodajas (ambos sancochados) y rajas de pimiento rojo. Se le pueden agregar también camarones.

▲▼▲

Cómo preparar un buen arroz

(indispensable que sea arroz entero)
Para cada taza de arroz, 2 1/2 tazas de agua.

Se remoja entre 30 y 40 minutos en agua hirviendo. Se escurre y enjuaga con agua fría. Se deja secar.

Cuando está perfectamente seco, se dora en aceite con ajo y cebolla (dorado claro, cuando es blanco y más oscuro cuando es con jitomate). Cuando ya está dorado, se le escurre el exceso de aceite, se cubre con la mitad del agua (fría), sal, consomé de pollo en polvo y jugo de limón, cuando es blanco, y cuando es rojo, se le fríe el jitomate antes de agregar el agua, suprimiendo el jugo de limón. Se deja hervir a fuego lento y se destapa, hasta que se le consume el agua. En seguida se agrega el agua restante y se tapa la cacerola para que se acabe de cocer a fuego lento.

Formas de preparar arroz blanco

Arroz preparado (de preferencia la víspera). Se coloca en un refractario untado de mantequilla, luego se añaden cuadritos de jamón y de queso amarillo o manchego, otra capa de arroz y así sucesivamente hasta terminar. La crema se adelgaza un poco, se le pone sal y pimienta y se le rocía para que quede cubierto. Se mete al horno para que seque.

▲▼▲

Arroz, ya preparado. Se calienta al vapor y se sirve con lo siguiente: 150 gramos de carne de cerdo deshebrada y frita, 100 gramos de ejotes y 100 gramos de zanahorias finamente picadas. Se revuelven a las verduras 2 cucharadas de huevo, 2 de salsa de soya y 2 de azúcar.

▲▼▲

Al arroz frío, hecho la víspera, se le revuelven 1 ó 2 pepinillos dulces, picados finamente, col rebanada también finamente, 100 gramos de queso manchego picado en cuadritos, 100 gramos de jamón, 1/2 taza de mayonesa y 1/2 taza de crema con sal y pimienta.

Arroz ya preparado. Se coloca en un refractario untado de mantequilla, luego se añade una capa de camarones cocidos naturales o de lata. Se baña cada capa con crema licuada con chiles morrones, sal, pimienta y queso Chihuahua o manchego rallado y se mete al horno a que se derrita el queso.

Sopa de tortilla

Las tortillas partidas en cuadritos y bien doradas en aceite se colocan en un refractario untado con mantequilla. Se bañan de salsa de jitomate previamente preparada y queso añejo rallado y así se sigue hasta que quede la tortilla arriba. Se rocía de aceite quemado y un poco de caldo de la olla (puede ser de carne o frijol, al gusto). Al servirse se puede adornar con queso rallado, chorizo frito, rajas de chile y crema.

Segundos platos

Verduras

Potaje de chícharos con queso

2 cucharadas de aceite de olivo
1 taza de chícharos cocidos y desbaratados
Sal y pimienta

Se revuelve todo esto con 1/2 taza de leche caliente y 1/2 taza de queso amarillo con pimientos. Se mueve hasta que el queso se mezcle y se unta sobre rebanadas de pan tostado o galletas. Esto con una ensalada de frutas es muy bueno para una comida.

Jitomates rellenos

10 jitomates redondos
100 gramos de ejotes
200 gramos de zanahorias
200 gramos de papas
250 gramos de lomo de cerdo cocido
Un manojo de perejil
Un manojo de rábanos
1 cucharada de mostaza
Aceite, vinagre, sal y pimienta
Mayonesa al gusto

Se les quita a los jitomates la tapa y se ahuecan. Se les pone una poca de sal y se rellenan con los ingredientes arriba anotados, las verduras picadas y la carne deshebrada. Se les revuelve el aceite, el vinagre, la sal, la pimienta o la mayonesa. Se adornan con una ramita de perejil.

Pimientos morrones rellenos

Los chiles ya sean de lata o bien frescos preparados, se rellenan de atún o salmón. Se sazonan con aceite, vinagre, sal, pimienta, aceitunas y alcaparras picadas y al servirse se cubren con mayonesa.

Lechuga rellena

1 lechuga romanita apretada y grande
1 taza de queso amarillo rallado
1/2 taza de mayonesa o aderezo
1/4 de cucharadita de Curry
1/2 taza de cuadritos delgados de jamón
1/3 de taza de apio finamente picado
1/4 de taza de perejil picado
1 pimiento morrón picado
Aderezo francés para sazonar

El día anterior lava y escurre bien la lechuga. Con un cuchillo filoso, ahuécala dejándole fondo. Se le pone el relleno, se tapa y se envuelve en papel de estaño y se mete al refrigerador hasta la hora de servirse.

Chiles rellenos

12 chiles poblanos
6 u 8 elotes
4 huevos
200 gramos de queso Chihuahua
1/2 litro de crema espesa
Sal y pimienta

Los chiles, asados y limpios se rellenan con los granos de elote molidos y revueltos con los huevos, batidos como para capear, y la mitad del queso rallado, sal y pimienta. Se colocan en un refractario y se bañan con la crema, también sazonada con sal y pimienta y el resto del queso. Se meten al horno entre 30 a 40 minutos a que se cueza el relleno y se derrita el queso.

Chayotes rellenos

Los chayotes ya cocidos se parten a la mitad, a lo largo, y cada mitad otra vez a la mitad, de modo que de cada chayote salgan dos. Se rellenan con una rebanada de queso Chihuahua o manchego. Se enharinan y se sumergen en huevo batido para capear, para freírlos luego en aceite. Se sirven bañados con salsa de jitomate y crema.

Torta de elote

4 elotes grandes, no muy tiernos
4 huevos
100 gramos de mantequilla
1 lata de leche condensada
1 cucharada de vainilla

Se revuelve todo en la licuadora, se vacía en un molde refractario engrasado con mantequilla. Se mete al horno por media hora y al salir se espolvorea con azúcar glass.

Coliflor en salsa de queso

La coliflor ya cocida se baña con una salsa que se prepara como sigue: en 3 cucharadas de mantequilla derretida se doran 2 cucharadas de harina y se agrega una taza de leche, poco a poco, sin dejar de mover hasta que espese. Se le agrega media cucharadita de sal y 1/3 de taza de queso rallado. Bien caliente se vacía sobre la coliflor y se espolvorea con pimentón. Se sirve inmediatamente.

(La coliflor se cuece con una rebanada de pan duro, que no se desbarate, para quitarle el olor).

Papas en crema o jocoque

1/2 litro de crema
1 kilo de papas cocidas
125 gramos de mantequilla
1 taza de leche
1 cucharada de harina
Sal y pimienta

Se dora la harina en la mitad de la mantequilla, se le agrega la leche y la crema, sin dejar de mover, luego las papas rebanadas y partidas en cuartos, sal y pimienta, se deja hervir hasta que espese un poco y se le agrega el resto de la mantequilla.

Rollos de hoja de col

Las hojas de col se suavizan en agua hirviendo con sal. Se escurren perfectamente y se les pone una rebanada de jamón y una tira de queso Chihuahua o manchego. Se enrollan, se prenden con un palillo y se cuecen al vapor. Se sirven bañados con salsa de jitomate, blanca o crema, al gusto.

Huevos

Huevos a la cocotte

Se pica tocino, cebolla, jitomate y perejil. Se sazona con sal y pimienta y se fríe. En moldecitos refractarios individuales se pone una cucharadita de esto y en seguida el huevo crudo. Se cuece en baño de maría (a que cuaje) y al servirse se adorna con un poco de tocino picado y frito.

Huevos suizos

Se ponen los huevos crudos en tazones refractarios individuales, untados de mantequilla, y se espolvorean de queso rallado. Se cubren de leche y encima más queso. Se meten al horno o a baño de maría a que cuajen (se puede poner macarrón preparado abajo de los huevos).

Huevos franceses

Se ponen los huevos crudos en tazones refractarios individuales, untados de mantequilla, se les coloca encima una cucharadita de mantequilla, crema y sal y por último queso Chihuahua o manchego rallado. Se ponen en baño de maría unos 7 minutos a que cuajen.

Huevos rellenos

Se cuecen durante unos 10 ó 15 minutos. Se pelan, se parten a la mitad, a lo largo, y la yema se fríe con cebolla, jitomate y jamón finamente picados. Se vuelven a rellenar y al servirse se calientan en una salsa de jitomate o bien en salsa blanca.

Huevos nube

1 rebanada de pan de caja
1 rebanada de queso amarillo
1 tira de tocino

Se dora el pan ligeramente y se unta de mantequilla. Se colocan las rebanadas, separadas unas de otras, en una charola de horno, encima el queso amarillo, las claras batidas a punto de turrón y una poca de sal. El tocino se fríe un poco. Se pone una tira sobre el queso, encima las claras batidas, haciéndoles un hueco con una cuchara, una especie de nido, sin llegar al queso, y ahí se irá poniendo cada yema, la cual se va cubriendo con turrón que se habrá apartado y dos tiras de tocino cruzado previamente frito.

Se mete a horno suave, hasta que se empiecen a dorar los copos de clara, sin que se cuezan las yemas.

Soufflés y budines

Soufflé de papa

3 tazas de papa cocida y prensada
1 taza de leche
1/2 barrita de margarina (50 gramos más o menos)
1/2 taza de queso amarillo rallado
3 yemas de huevo
3 claras de huevo
1 cucharadita de mostaza
1 cucharadita de sal

Bátase margarina con leche y agréguensele las papas, sal, queso y mostaza. Aparte se baten las yemas y se le incorporan por último las claras batidas a punto de turrón con un cuarto de cucharadita de cremor tártaro. Se mete al horno regular por 45 minutos. Se sirve inmediatamente.

Soufflé de rajas

1 pan de caja grande
1/2 kilo de chile poblano
3 ó 4 huevos
350 gramos de queso Chihuahua o manchego
1/2 litro de crema espesa
1 taza de leche

A la leche se le revuelven los huevos batidos a punto de turrón y ahí se van mojando las rebanadas de pan descostrado. Se acomodan en un refractario rectangular en capas y entre capa y capa se ponen las rajas fritas, la crema y el queso rallado grueso. La última capa se cubre con huevo batido que se habrá apartado. Se mete al horno a que dore ligeramente. Se puede hacer también con pechuga de pollo deshebrada o con jamón.

Soufflé de queso - 1

75 gramos de queso *gruyére* rallado
3 huevos
2 tazas de leche
2 cucharadas de mantequilla o margarina
3 cucharadas de harina.

Se hace una salsa con la mantequilla, la harina y la leche, sal y pimienta. Se le agregan el queso, las yemas y por último las claras batidas a punto de turrón. Se vacía en un refractario y se mete al horno unos 25 minutos. Se sirve inmediatamente.

Soufflé de queso - 2

150 gramos de queso amarillo tipo americano
150 gramos de queso Chihuahua
1/2 litro de crema espesa
4 huevos

Se ponen los huevos en la licuadora. Se agrega la crema y por último se le van echando poco a poco los quesos rallados. Se vacía en un molde refractario engrasado y se mete al horno, con calor regular, de 25 a 30 minutos. Se sirve inmediatamente.

Soufflé de galletas cremosas

2 paquetes de galletas *Cremosas*
2 pechugas de pollo
1/4 de queso manchego
1/4 de crema
1 latita de leche
Rajas de chile poblano
2 yemas de huevo

En un refractario grande se colocan las galletas mojadas con el consomé de pollo. Se bañan con la mezcla de la leche, crema y yemas, luego se le pone el pollo deshebrado, queso rallado y las rajas, hasta terminar. Se mete al horno un rato.

Budín de pan de caja

Un paquete de pan descostrado
1/2 litro de crema
1/2 kilo de queso Chihuahua
4 huevos
200 gramos de jamón o
2 pechugas de pollo
1 lata de rajas de chiles jalapeños
Sal y pimienta

Se baten las claras a punto de turrón. Se les revuelven las yemas, crema y la mitad del queso rallado. Se sazona con la sal y la pimienta. En esto se van mojando las rebanadas de pan. Se acomodan en un refractario engrasado y entre capa y capa se va poniendo el jamón o el pollo, queso y rajas hasta terminar con crema, queso y rajas.

Budín de pollo

Para una pechuga de pollo, 100 gramos de jamón y 1/4 de litro de crema. Se muelen el pollo y el jamón y se mezclan bien con la crema sin que se hagan bolas. Se sazona con nuez moscada y sal. Se vacía en un molde refractario untado de mantequilla y se mete al horno durante media hora más o menos. Se vacía en un platón y se baña con chícharos en salsa blanca.

Budín de espárragos y crepas

1 lata de puntas de espárragos
5 huevos
50 gramos de queso *gruyére*
1/4 de litro de crema
120 gramos de mantequilla

Se baten los huevos, se les revuelve el queso rallado, la crema y la mitad de la mantequilla, sal y pimienta. Se fríe todo esto y los espárragos molidos, apartando 6 para adornar. Se pone en un molde refractario una capa de crepas y otra del relleno y así hasta terminar. Se adorna con los espárragos y se mete al horno por unos 10 minutos.

Pays

Pay de calabacitas

---

100 gramos de margarina
3 huevos
1/2 taza de azúcar
1 taza de harina de arroz
1 cucharadita de polvo para hornear
1/2 cucharadita de sal
1/4 de calabacitas

Se acrema la margarina y se le agregan las yemas y el azúcar. A la harina cernida con el polvo para hornear y la sal, se le agregan las calabacitas ralladas en pedazos gruesos. Por último se envuelve con las claras batidas a punto de turrón. Se mete al horno a dorar.

Pay de espárragos

Pasta:
200 gramos de harina
100 gramos de mantequilla
1/2 cucharadita de sal
Una pizca de pimienta
1 yema
Un poco de agua helada

Se cierne la harina con la sal y la pimienta, se le incorpora con un tenedor la mantequilla, luego el huevo (la yema) y al último el agua. Se mezcla bien todo hasta tener una pasta suave y se extiende con el rodillo sobre una tabla enharinada. Se unta de mantequilla el refractario y se forra con la pasta.

Relleno:
1/4 de crema
1/2 litro de leche
5 yemas
1 huevo entero
1 lata grande de puntas de espárragos
100 gramos de queso Chihuahua rallado grueso (se aparta para encima).

Se mezcla todo. Se sazona y se vierte en molde de pay engrasado. Se mete al horno a 210ºF de 30 a 45 minutos.

Pay de zanahoria - 1

1 taza de zanahorias cocidas
1 taza de azúcar
1 taza de pan molido
1 taza de crema espesa o mantequilla
3 huevos

Se mezcla todo y al último las claras a punto de turrón. Se hornea hasta que seque y se adorna con pasitas, nuez o acitrón.

Pay de zanahoria - 2

1 1/4 de taza de azúcar mascabado
2 tazas de harina
3 tazas de zanahoria cruda rallada
2 cucharaditas de canela en polvo
2 cucharaditas de bicarbonato
1 cucharadita de sal
4 huevos enteros
1 taza de aceite
Nueces o pasitas, si se desea

Se licúan huevos, azúcar, canela, sal, bicarbonato y el aceite. Se vacía en un recipiente y se le revuelve la harina y la zanahoria. Se vierte al molde engrasado y enharinado y se mete al horno precalentado a 225°C. más o menos, durante aproximadamente 3/4 de hora.

Se puede cubrir con el siguiente glassé:

1 queso crema grande
1 barra de mantequilla de 75 gramos
1 1/2 taza de azúcar pulverizada cernida

Se acrema todo muy bien, se unta al pay y se espolvorea con media taza de nuez finamente picada.

Budín de zanahoria

1 kilo de zanahorias
3 huevos
25 galletas marías
Azúcar y vainilla al gusto

Las zanahorias cocidas y las galletas molidas se licuan con los demás ingredientes. Se mete al horno hasta que seque.

Quiche Lorraine

2 1/2 tazas de harina
3 cucharaditas de royal
2 cucharadas de azúcar
1 pizca de sal
125 gramos manteca (vegetal)
125 gramos de mantequilla
2 huevos enteros

Se ciernen todos los ingredientes secos. Se les agregan la manteca, la mantequilla y los huevos enteros. Se amasa con la mano y, si hace falta, se le puede agregar una poquita de agua.

Relleno:

8 tiras de tocino frito
1 1/2 tazas de queso *gruyére*
1 1/2 tazas de crema
5 yemas
Sal, pimienta y nuez moscada
Perejil picadito

En un refractario engrasado, que estará forrado con la masa, se pone el tocino desmoronado, luego la mezcla del queso, cremas y yemas, que se envolverán con las claras batidas a punto de turrón. Se mete al horno precalentado a 210ºC para que se dore.

Pescados y mariscos

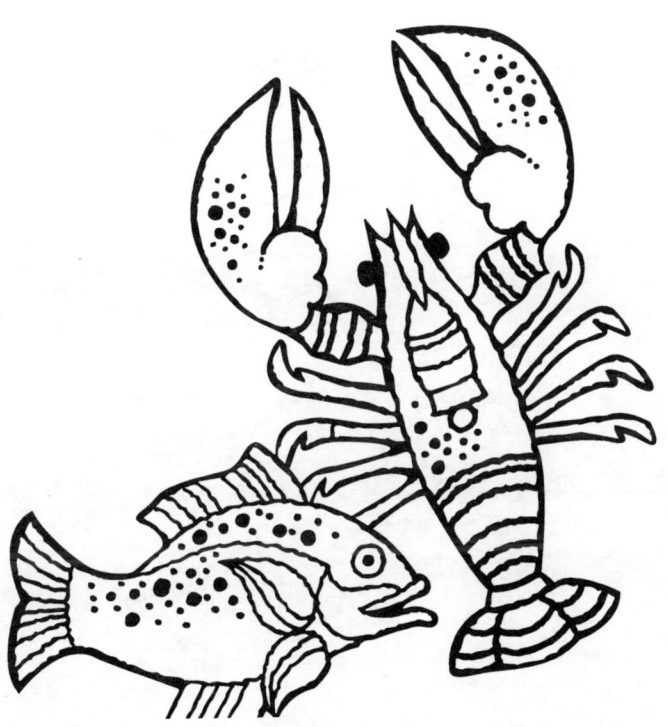

Pay de atún

1 lata de atún
1 taza de queso Chihuahua
1/4 de crema
3 huevos
Sal, pimienta y nuez moscada al gusto

Pasta:
1 taza de harina
3 cucharadas con copete de manteca
3/4 de cucharadita de sal
Agua helada para amasar (la menos posible)

Se revuelve todo con un tenedor para no manejar la masa con los dedos. Se toma poco más de la mitad para forrar el molde de pay. Se le vacía el relleno de atún y se tapa con el resto de la masa, que se habrá extendido con el rodillo.

Budín de atún

1 lata de atún
1 jitomate grande
1 huevo
1 lata chica de chiles chipotles
100 gramos de queso Chihuahua rallado
Media cebolla
Pan molido

Se fríen la cebolla y el jitomate finamente picados, luego se agregan el atún desmenuzado, pimienta y sal. Se retira del fuego y se mezclan la yema y la clara batidas a punto de turrón. En un molde refractario, untado con mantequilla y espolvoreado con polvo de pan, se vacían el atún, cubriéndolo con pan molido, el queso rallado y las rajas de chipotle. Se mete al horno caliente durante unos 15 minutos.

Gelatina de pescado

3 latas de salmón
4 cucharadas de gelatina sin sabor
1/2 litro de crema batida
2 cucharadas de mayonesa
2 tazas de agua
1 cucharada de paprika

En una taza de agua fría se remoja la gelatina y se desbarata en la otra taza de agua hirviendo. Cuando empieza a cuajar se bate hasta que se esponje. Se le revuelven el pescado, la mayonesa, la crema batida y la paprika. Se vacía en un molde y se deja cuajar. Al servirse se le pone mayonesa.

Crepas rellenas de pescado

2 tazas de harina
2 tazas de leche
2 huevos
1 cucharadita de royal
2 cucharaditas de mantequil!a
1/2 cucharadita de sal

Se cierne la harina con el polvo para hornear y la sal. Se le agregan la leche, los huevos y la mantequilla derretida y se bate bien hasta que quede como atole. Se hacen las crepas delgaditas, se rellenan con atún en salsa blanca y se bañan con salsa de queso.

Rollos de pescado

1/2 kilo de filetes de robalo, guachinango o mero
300 gramos más o menos de camarones
1/4 de crema
100 gramos de queso amarillo
2 chiles pimientos rojos
Sal y pimienta blanca

Los filetes de pescado, cortados delgados, se sazonan con sal y pimienta, se les colocan los camarones cocidos y picados y se enrollan. Se colocan en un refractario untado de mantequilla, se bañan con la crema, que tendrá el queso molido y se adornan con rajas de los chiles pimientos. Se meten al horno y se sirven calientes.

Filetes de pescado con almendra

1/2 kilo de filetes de robalo o mero
1 taza de harina
1 cucharadita de polvo para hornear
1/4 de cucharadita de sal
3/4 de taza de leche
1 huevo
50 a 100 gramos de almendra

Con la harina, royal, sal, leche y huevo, se prepara un atole, en el cual se van sumergiendo los filetes de pescado, dejándoles escurrir el excedente para freírlos en aceite caliente. Aparte se remojan en agua caliente las almendras, se pelan y se doran ligeramente en aceite y se pican. Se colocan en un platón y se cubren con las almendras doradas y rebanadas de limón. Se sirve con ensalada de lechuga o cualquier otra, al gusto.

Rollo de cangrejo

6 cucharadas de harina
1 cucharadita de sal
6 huevos
1 lata de cangrejo
1 frasquito de caviar
Mayonesa

Se cierne la harina con la sal, se le incorporan las yemas y luego las claras batidas a punto de turrón. Se vacía en un molde refractario rectangular que se habrá forrado con papel *ega-pack*, y se mete al horno hasta que dore ligeramente. Se saca y se voltea sobre un trapo húmedo y se hace rollo. Se abre éste y se le extiende el cangrejo mezclado con mayonesa. Se vuelve a enrollar y se cubre con la mayonesa y encima el caviar.

Guachinango al vapor

1 kilo de lomo de guachinango en trozos
1 cebolla
2 cucharadas (de cocina) de frijol negro
Caldo de pollo
Nopales tiernos
Chiles serranos
Un manojo de cilantro
Hierbas de olor
Caldo de pollo
Ajo

Se cuece el pescado al vapor con la cebolla, ajo y las hierbas de olor. Aparte se cuecen los nopales con sal y una pizca de bicarbonato y por último se prepara una salsa, friendo un trozo de cebolla con los chiles serranos y los frijoles y licuándolos en el caldo de pollo y bastante cilantro. Ya para servirse, se deja hervir un poco para que espese y con esta salsa se baña cada trozo de pescado, también caliente y que se pondrá sobre cada nopalito. Encima se adorna con cilantro picado.

Pescado con mariscos

1 kilo de filete de pescado, robalo, guachinango o mero en trozos gruesos
 (corte a la reina)
1 lata de angulas
1 lata de ostiones ahumados
1 lata chica de champiñones
1 lata de corazones de alcachofa

1/2 kilo más o menos de camarón fresco sancochado y pelado

1/4 de crema

100 gramos de queso amarillo rebanado

Se limpia el pescado con trapo húmedo. Se unta de sal, pimienta y limón. Se coloca en un refractario rectangular, filete por filete, y se adorna cada uno con todo, en el orden anotado. Se baña con la crema, que tendrá licuado el queso, y se mete al horno regular, previamente calentado, durante unos 10 ó 15 minutos. Se prepara con varias horas de anticipación (antes de meterse al horno) para que absorba el aceite de los ingredientes de lata.

Otros modos de preparar pescado

Se unta de sal, pimienta y mantequilla. Se le exprime mucho limón y se mete al horno.

Se cuece en agua con yerbas de olor y sal. Se le quita el pellejo y se sirve frío con mayonesa.

Se coloca el pescado sobre rebanadas de cebolla, se fríe en aceite muy caliente y encima se le pone perejil molido. En vez de perejil se le puede poner jitomate.

Pescado en vino blanco

Un guachinango entero

Se muele perejil, ajo y sal y se le exprime limón, lo suficiente para untar el pescado, que ya se habrá limpiado con un trapo húmedo. Se coloca en un refractario untado de mantequilla y con papas rebanadas en crudo muy delgaditas (para que no se pegue el pescado). Se rocía con bastante aceite de oliva y se mete al horno, con calor bajo. Ya que va a estar, se le vacía una taza de vino blanco y perejil picado y se mete de nuevo al horno. Para servirse se adorna con huevo cocido picado, aceitunas, chiles largos o bien morrones, al gusto, y rodajas de limón.

Gambas con gabardina

1/2 kilo de camarones frescos grandes
100 gramos de queso *gruyère* rallado
Limones, para rociarlos

Los camarones, ya cocidos, se rocían con jugo de limón y, antes de freírse, se van mojando en la mezcla siguiente.

Cubierta:
1/8 de litro de agua
50 gramos de mantequilla o margarina
100 gramos de harina
3 huevos
Sal al gusto

En una cacerola se ponen el agua, la mantequilla y la sal. Cuando suelta el hervor se agrega la harina, poco a poco, para evitar que se haga bolas. Cuando esta pasta está suave, se retira del fuego, se deja enfriar y se le agregan los huevos, uno a uno, y el queso rallado. En esta mezcla se mojan los camarones y se van friendo uno a uno, o más, pero cuidando de que no se peguen.

Pescado en queso

1 guachinango mediano
50 gramos de mantequilla
1 taza de crema
100 gramos de queso *gruyére* o amarillo
Sal y pimienta al gusto

Sazónalo con sal y pimienta. Úntalo con la mantequilla. Colócalo en un refractario. Cúbrelo con la crema y el queso. Hornéalo a 175°C durante 35 minutos.

Pescados fritos

4 guachinangos chicos
1 taza de aceite
1 taza de harina
Jugo de un limón
Sal y pimienta

Sazona los pescados con limón, sal y pimienta. Enharínalos y fríelos en aceite caliente a fuego lento, hasta que estén dorados.

Albóndigas de pescado

1 kilo de pescado en trozos
1/4 de jitomate
1 cucharada de cebolla finamente picada
1 cucharada de perejil finamente picado
1 diente de ajo
2 rebanadas de pan bolillo remojado en vinagre
3 huevos
2 chiles poblanos
18 aceitunas deshuesadas

Se pica finamente el pescado y se le mezclan todos los ingredientes, con excepción de las rajas y las aceitunas (el jitomate sin piel ni semillas).

Se forman las albóndigas y se cuecen en un caldillo de jitomate.

Bacalao a la vizcaína

1 kilo de bacalao
1/4 de lata de pimientos morrones
1 lata de jitomate (1/2 taza de puré de tomate)
1 kilo de jitomate licuado y colado
200 gramos de cebolla rebanada
3 dientes de ajo
1/4 de aceite de olivo
1/2 taza de perejil picado
3 clavos
6 pimientas

El pescado se lava perfectamente con agua caliente para quitarle la sal, la víspera por la mañana, y se deja remojando. Por la noche se le cambia el agua y se sigue remojando hasta el día siguiente, cuando se enjuaga de nuevo ya limpio, de piel y espinas se coloca en una cazuela de preferencia de barro. El aceite se pone en una sartén honda y cuando está bien caliente se le echan los ajos y la cebolla para que se acitrone, luego se agregan el jitomate, el perejil (o laurel, al gusto), los clavos y la pimienta. Cuando el jitomate está bien frito se le vacía al bacalao y se deja cocer a fuego muy lento durante una hora más o menos. Los pimientos morrones se le ponen fritos en aceite al momento de servirse y por último se adorna con las aceitunas. Se pueden suplir los pimientos con chiles largos o rajas de chiles jalapeños, al gusto.

Pollo

Pastel de pollo

1 1/2 tazas de harina
2 cucharaditas de polvo para hornear
1 1/2 cucharaditas de sal
2 huevos
1 taza de leche
2 tazas de pechuga de pollo picadita
2 cucharaditas de cebolla rallada
1/4 de taza de zanahoria cruda rallada
2 cucharadas de mantequilla
1 1/2 tazas de salsa de pollo

Se ciernen la harina, el polvo para hornear y la sal. Se baten las yemas y se les agregan la leche, el pollo, la zanahoria, la cebolla y la mantequilla derretida y por último las claras batidas duras. Se pone en un molde untado de mantequilla en el horno caliente durante 25 minutos. La salsa se hace con harina frita en mantequilla y dos tazas de caldo de pollo.

Ensalada de pollo - 1

3 tazas de carne de pollo
1 taza de nuez pelada
1/2 taza de pasitas o uvas sin semilla
1 taza de caldo de pollo
2 cucharadas de gelatina de limón
1 cucharada de sal
2 papas
1 lechuga
1 taza de mayonesa
2 huevos cocidos

1 lechuga
1 taza de mayonesa
2 huevos cocidos

Se corta el pollo en pedacitos. Se le agregan todos los ingredientes picados y la mayonesa. Por último se envuelve todo con la gelatina, que se habrá remojado en agua y disuelto en el caldo hirviendo. Se vacía en moldecitos, a los cuales se les habrá puesto en el fondo una rebanada de huevo cocido. Se meten a cuajar y cuando están listos se vacían y se les pone más mayonesa.

Ensalada de pollo - 2

A una pechuga molida se le revuelven una lata de jamón endiablado, mostaza, sal, aceitunas picadas, vinagre, pimienta y 30 gramos de grenetina disuelta en una poca de agua fría. Se vacía en un molde y se mete al refrigerador. Al día siguiente se voltea en un platón y se cubre con mayonesa y queso rallado.

Croquetas de pollo

Se fríe bastante cebolla y perejil picaditos. Se le agregan 6 cucharadas de harina y al empezar a dorar, una taza de caldo, sal, pimienta y la pechuga deshebrada, y se deja hervir hasta que se vea el fondo de la cacerola. Se deja enfriar un poco, se le mezcla un huevo, se pasa por pan molido y se fríe.

Pollo en gelatina

2 pollos
1/2 litro de crema
60 gramos de harina
170 gramos de mantequilla
1/2 pieza de pan rallado
Sal, pimienta y nuez moscada al gusto

Se ponen en una sartén la mantequilla y la harina hasta que se disuelvan. Se agregan sal, pimienta y nuez moscada y ahí se va mezclando la crema poco a poco. Se deja hervir sin dejar de mover y por último se agregan el pollo cocido y picado menudito y el pan rallado. Se deja hervir hasta que espese. Se retira del fuego y se deja enfriar.

Por separado se prepara una gelatina grande de limón o naranja, o bien sin sabor, y se le agregan dos copitas de vino blanco, tinto o jerez. Se vacía la mitad en un molde untado de aceite y cuando está a medio cuajar se le vacía el pollo y la restante gelatina. Se mete de nuevo al refrigerador a que se acabe de cuajar.

Pollo a la chantilly

Las partes del pollo cocidas se colocan en un platón, se rocían de aceite, vinagre, perejil molido, sal y pimienta y se bañan con la siguiente salsa: se bate paté de hígado con crema y una poquita de mostaza. Por último, se adornan con queso rallado y tiritas de pimiento morrón.

Pollo en mayonesa

Al pollo cocido y deshebrado se le revuelve mayonesa. Se sirve sobre hojas de lechuga romanita, sazonadas al gusto y se adorna con aceitunas.

Pollo en jocoque

1 pollo en piezas
4 tazas de jocoque
1 taza de pan molido
Sal y pimienta al gusto

Sazonar el pollo con sal y pimienta y remojarlo dos horas en el jocoque. Empanizar pieza por pieza. Colocarlas en un refractario, bañarlas con el jocoque en que se remojaron y hornearlas a calor regular durante 45 minutos más o menos.

Pollo en vino blanco

Se untan las piezas de pollo con paprika, sal, pimienta, un ajo machacado y perejil molido. Se deja con esto un poco más de una hora. Transcurrido este tiempo, se fríen en aceite bien caliente. Se les escurre el exceso de aceite y se les agrega vino blanco, un cuarto de litro por cada pollo. Se tapa y se deja a fuego lento hasta que se cuezan.

Pollo con tocino

Las piezas de pollo, ya limpias, se sazonan con sal y pimienta y se fríen en aceite, y ahí mismo el tocino partido en cuadritos. Se le escurre bien el exceso de aceite, se cubre con agua, se tapa y se deja cocer a fuego lento. Una vez cocido, se le agrega media taza de leche, a la que se le habrá disuelto una yema de huevo. Se deja hervir unos cinco minutos a fuego lento y por último se le agrega una poca de harina disuelta en agua para que espese la salsa.

Se puede servir solo o acompañado con arroz blanco.

Pollo con hongos y rajas

En un poco de aceite se fríen las rajas de chile poblano, de chile morrón rojo, hongos rebanados y una poca de maizena. Se le agrega poco a poco el caldo de pollo y se sazona con sal y pimienta. Ahí se ponen las piezas de pollo cocidas y se deja hervir para que espese. Ya para servirse, se le agrega crema.

Milanesas de pollo

La pechuga deshuesada, abierta y aplanada se corta en cuatro filetes. Se sazona con sal, consomé de pollo y pimienta. Se remoja en huevo y se empaniza, ya sea con pan o con *corn flakes* molidos. Se fríen en aceite, ya para servirse. Se acompañan con puré de papa, verduras cocidas al vapor y mantequilla, o bien con cualquier otra ensalada al gusto.

Banderas de pollo

1 pechuga
24 tortillas chicas y delgadas
1/2 kilo de tomate verde
1/2 kilo de jitomate
1/4 de crema
1 cebolla mediana
Chiles serranos, ajo, cebolla, cilantro, sal y chiles chipotles

Con la pechuga cocida y deshebrada se rellenan las tortillas, se doblan y se fríen en aceite, ya para servirse. En cada plato, se sirven tres: una bañada con la salsa verde, la de en medio con crema y la tercera con salsa roja y se salpican con cebolla picada. Se pueden acompañar con frijoles.

Pollo en salsa francesa

8 piezas de pollo
1 botella de aderezo tipo francés
1 lata de sopa de cebolla
1/2 taza de mermelada de chabacano

Se sancocha el pollo en mantequilla y se baña con todos los ingredientes. Se pone a fuego lento hasta que se cueza.

Pollo en salsa inglesa

En una sartén se van friendo las piezas de pollo y pasando a una cacerola. En el mismo aceite se fríen bastante cebolla y cilantro finamente picados. Esto se le vacía al pollo, al cual se le habrá espolvoreado consomé de pollo y rociado con salsa inglesa. Por último se cubre con agua y se tapa, dejando que se cueza a fuego lento. Se puede servir con papitas y cebollitas de cambray, o bien con arroz blanco.

Pollo a la húngara

Las piezas de pollo, rociadas de sal y pimienta, se sancochan en margarina, lo mismo que una cebolla partida en cuarterones. En seguida se fríen en la misma grasa dos cucharadas de pimentón en polvo y se cubre con el agua suficiente para su cocimiento. Ya para servirse, se le agrega un cuarto de crema a la cual se le habrán licuado dos cucharadas de harina, sin dejar de mover para evitar que se hagan bolas.

Este pollo se sirve con espagueti, sólo cocido y bañado con mantequilla derretida y perejil finamente picado, si se desea.

Pollo en cerveza

Se sancochan las piezas de pollo en margarina, con una cebolla partida en cuartos, y se bañan con una cerveza hasta que se cuezan. Ya para servirse (en ebullición) se le van echando rebanadas de queso amarillo (100 gramos más o menos), sal y pimienta y por último un cuarto de crema, la cual no deberá hervir.

Pollo con verduras

Las piezas de pollo se limpian y se colocan en una cacerola, a la cual se le habrá puesto una cama de perejil. Se untan con sal y ajo frito y molido con azafrán (lo que se coja con los dedos). Se bañan con una taza de aceite de oliva, más o menos, y se agregan verduras al gusto: ejotes (atados con hilo), zanahorias, cebollitas de cambray, papitas, etc. Se cubre por último, con el agua suficiente para su cocimiento, junto con las verduras.

Pollo con espárragos

1 lata de sopa de espárragos
1 lata de espárragos
1/4 de crema
Queso Chihuaha al gusto

A los espárragos se les cortan las puntas para adornar y el resto se licúa en su jugo. Se cuelan en la lata de sopa la crema y el queso, que se vaciarán en un recipiente. Con esta mezcla se baña el pollo, colocado en un platón refractario. Se espolvorea con el queso rallado y se mete al horno a calentar.

Pollo en blanco

Las piezas de pollo se sancochan en margarina. Se retiran y se tapan un rato para que suden. En la misma margarina se fríen dos cucharadas de harina y se le agrega una taza de vino blanco. Se vuelve a poner ahí el pollo con sal, pimienta, zanahorias en rebanadas, cebollas, tomillo y perejil. Se deja cocer una media hora o hasta que se cueza. Se cuela la salsa en un recipiente, se le agrega una taza de crema y una yema de huevo y con esto se baña el pollo.

Pechugas de pollo en nuez

3 pechugas de pollo
1 taza de nueces peladas
1 taza de aceite de maíz
Sal al gusto

Las pechugas, partidas a la mitad, deshuesadas y sin piel, se fríen ligeramente para que tomen color. En la licuadora se muelen las nueces con el aceite y la sal.

Se colocan las pechugas en un platón refractario, se bañan con la salsa y se meten al horno precalentado a 170°C, durante 15 minutos más o menos. Se sirven con ensalada de lechuga, o cualquier otra verde, al gusto.

Tortitas de pollo

1 pechuga de pollo de 800 gramos más o menos
100 gramos de papas
100 gramos de zanahorias
100 gramos de chícharos
100 gramos de ejotes
3 huevos
Sal, pimienta, harina y consomé de pollo

La pechuga deshebrada se mezcla con las verduras cocidas, picadas y sazonadas con el consomé de pollo, pimienta y rociadas con la harina. Esto se vacía en huevos batidos a punto de turrón y se van tomando cucharadas, que se echan en aceite caliente a que se doren.

Se sirven estas tortitas bañadas con salsa de jitomate, crema y rajitas de chiles jalapeños.

Pollo con frutas

Las pechugas de pollo se cuecen la víspera con hierbas de olor, perejil, cebolla, ajo, sal y se dejan en el caldo. Al día siguiente se desgajan, se colocan en un platón (de preferencia redondo y de cristal) y se cubren con crema, que se habrá rebajado con una poca de leche y sazonado con sal, pimienta blanca, mostaza, mayonesa, a que quede una salsa espesa, y por último se salpica de nuez picada. Alrededor se colocan las frutas, procurando combinar colores, tales como: sandía, melón chino y blanco, mandarina, pera, manzana, uvas sin semilla, mango, jícama, higo, etc., y por último se adorna con cerezas o fresas.

Pollo en cebolla

1 pollo en piezas
1/2 paquete de sopa de cebolla
2 cebollas rebanadas muy delgadas
50 gramos de mantequilla
1/4 de taza de vino blanco
Sal y pimienta

Coloca el pollo en un refractario, en una sola capa. Sazónalo con sal y pimienta, báñalo con el vino, la sopa de cebolla, la cebolla rebanada, trocitos de mantequilla y mételo al horno caliente a 200°C, tapado durante 40 minutos. Destápalo y déjalo 20 minutos más.

Pollo con salsa de champiñones

1 lata grande de sopa de champiñones
1/4 de crema
150 gramos de queso Chihuahua

A las pechugas cocidas se les vacía la salsa hecha con la sopa, la crema y un poco de agua. Encima se le pone el queso rallado y se mete a horno caliente 20 minutos más o menos.

Chop suey

4 pechugas de pollo cocidas
4 tallos de apio
2 chiles morrones rojos
1/2 kilo de champiñones frescos
1 cebolla mediana
2 paquetes de frijol de soya germinado
200 gramos más o menos de *chutney*

Se sofríe la cebolla finamente picada, los champiñones, también picados, el apio, los chiles en rajitas y el pollo deshebrado en trocitos gruesos.

Se condimenta con un poco de caldo de pollo (para que quede jugoso), consomé en polvo, sal, pimienta, jengibre, salsa inglesa y salsa de soya y por último el *chutney*. Se deja hervir a que quede suave, con el frijol de soya. Se sirve con arroz blanco.

Pavo

1 pavo de 10 kilos (más o menos)
1/2 kilo de cebolla
1 puñito de cominos
1 puñito de pimienta
6 tiras de tocino delgado
100 gramos de mantequilla
1 botella de vino blanco (seco)
Sal y polvo de consomé al gusto

Se unta el pavo por dentro y por fuera con la sal, consomé, pimienta y cominos molidos, después con la mantequilla batida y por último con la cebolla molida. Las tiras de tocino se le extienden sobre la pechuga y las piernas, cosiéndolas de los extremos con hilo grueso para que al freír el pavo no se desprendan (al llevarse a la mesa se le quitan las tiras y los hilos).

El pavo se dora en aceite en la pavera, se le quita el exceso de aceite y se baña con dos tazas de vino. Se tapa (con las ventilas cerradas) a fuego fuerte, y ya que soltó su jugo, se deja a fuego lento hasta que se cueza. Mientras se está cociendo, se está bañado con el jugo que suelta cada 15 minutos más o menos. Si se ve que le falta jugo se le agrega el vino necesario.

(Su cocimiento es de 3 a 4 horas más o menos). Se puede hacer también en horno.

Se acompaña con puré de manzana o ensalada de manzana, betabel, elotes desgranados con mantequilla o cualquier otra ensalada, según el gusto.

Cerdo

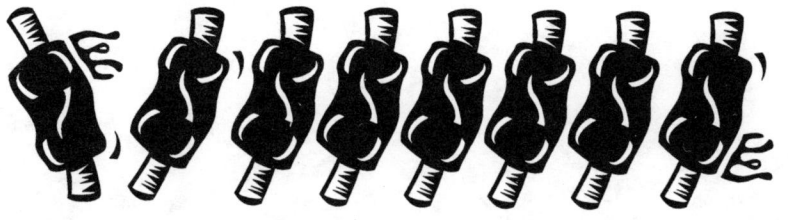

Carne fría - 1

1/2 kilo de carne de cerdo
1/2 kilo de carne de pollo
1 lata de chícharos
5 zanahorias
1 lata de jamón endiablado
1 cucharada de mostaza
1 cucharada de salsa inglesa
1 1/2 cucharada de gelatina sin sabor
Pimienta blanca

Se ponen a cocer las carnes con las zanahorias, ajo, cebolla, hierbas de olor, sal y pimienta. Una vez cocidas se muelen y las zanahorias se le pican. Se le revuelven los demás ingredientes y por último la gelatina disuelta en media taza de caldo o más si hace falta. Se vacía en un molde untado con mantequilla y se mete al refrigerador. Al día siguiente se rebana poco antes de servirse con cualquier ensalada.

Carne fría - 2

1/2 kilo de carne de cerdo
100 gramos de tocino
3 huevos
2 cucharaditas de sal
2 cucharaditas de pimienta y nuez moscada
Yerbas de olor (tomillo, laurel, etc.)

Se muele la carne, se le revuelven los huevos, sal, pimienta y nuez moscada. Se extiende sobre una servilleta húmeda, se le pone el tocino cortado en rajitas muy delgaditas y se enrolla la carne. Luego se envuelve con la servilleta de modo que quede bien apretada. Se amarra de las puntas y se cose de en medio. Se pone en agua hirviendo con las yerbas y un chorrito de vinagre, hora y media más o menos. Una vez cocida se mete al refrigerador y se sirve con gelatina o cualquier otra ensalada al gusto.

Lomo de cerdo con morrones

1 kilo de lomo de cerdo
1/4 de crema
100 gramos de tocino
1 lata de chiles morrones rojos
100 gramos de queso amarillo

El lomo, cocido con yerbas de olor y rebanado, se coloca en capas en un refractario y se van bañando con la crema, a la cual se le habrán licuado los morrones, luego el tocino picado finamente y frito, sal y pimienta y por último el queso rallado encima. Se mete al horno a que se derrita el queso.

Lomo de cerdo enchilado

Se asa, remoja y muele chile ancho en jugo de naranja, cominos y ajo. Con esto se unta el lomo y se deja reposar. Se dora, se le agrega el jugo en que se remojó y ya que esté cocido se le agregan 50 gramos más o menos de pasas molidas y un poco de ron.

Lomo de cerdo en salsa blanca

El lomo cocido y rebanado se baña con salsa blanca y queso rallado y al último más queso rallado y pan molido. Se mete al horno a que se dore.

Pierna de cerdo al horno

Se le clavan unos clavos y se pica de trecho en trecho con un cuchillo.

Se hace una salsa con un frasco de alcaparras con todo y jugo, una cebolla grande, ajo, pimienta, orégano y unos tres jitomates. Se muele todo en la licuadora con sal y una taza de vino blanco.

Se deja la pierna con esta salsa durante un día y una noche, bañándola de vez en cuando.

Se mete al horno, y cada vez que se voltea, se le pone una cucharada (de cocina) de agua fría. Se saca cuando ya esté cocida y se deja enfriar. Se le quita bien la salsa y se unta de azúcar mascabado y se envuelve bien con papel encerado. Con plancha caliente se plancha bien por todos lados. Con cuchillo caliente se cortan cuadros imitando una piña y se adorna con media cereza y un clavo.

Salsa:
Se dora una poca de harina, se vacía la salsa colada y se deja hervir a que espese. Con esta salsa se baña la pierna al servirse, ya rebanada.

Lomo de cerdo con naranja

El lomo untado de sal, pimienta y harina se fríe. Se retira del sartén y en la misma grasa se dora bastante cebolla hasta que quede café. Se le vacía al lomo junto con el jugo de dos o tres naranjas. Se tapa y se deja hervir a fuego suave hasta que se cueza.

Lomo de cerdo con piña

1 kilo de lomo
1 lata de piña rebanada
Sal y pimienta

Se dora el lomo en aceite, previamente espolvoreado de sal, pimienta y harina. Se le vacía el jugo de la piña y se cuece a fuego suave. Se adorna con las rebanadas de piña, espolvoreadas de azúcar morena o piloncillo.

Chuletas ahumadas con piña

12 chuletas ahumadas de cerdo
1 lata de piña rebanada
12 ciruelas pasas
2 cucharadas de harina
2 cucharadas de mostaza en crema
2 cucharadas de azúcar mascabado
1 cucharadita de salsa inglesa

Se mezcla todo en el jugo de la piña y esto se vacía sobre las chuletas, que ya estarán fritas y escurridas del excedente de grasa y adornadas con la rebanada de piña y en el centro de cada una la ciruela.

Se cierra el horno y a fuego lento, por una media hora más o menos.

Jamón virginia rebanado

Las rebanadas, del grueso de medio centímetro, se mojan en huevo o leche evaporada. Se empanizan con *corn flakes* molido y se fríen ya para servirse. Se acompañan con ensalada de betabel, col o cualquiera otra, al gusto.

Jamón virginia

Una pieza de jamón de 3 a 4 kilos se pone en una budinera honda con una botella de vino blanco *Demisec,* a fuego lento, hasta que se consuma, volteándola varias veces.

Luego se pasa a una charola de horno, cubierto con la siguiente mezcla:

2 cucharadas de azúcar mascabado
2 cucharadas de mostaza
2 cucharadas de salsa inglesa
Jugo de una lata de piña
Sobrante del vino blanco

Se le marcan cocoles (imitando una piña) con un clavo en el centro y se mete al horno a 210°C, bañándolo de vez en cuando, y ya que se está consumiendo, se le espolvorea azúcar mascabado y se mete al asador unos 5 minutos a que se dore por ambos lados. Se adorna con las rebanadas de piña.

Sorpresas de jamón

A las rebanadas de jamón se les pone en medio queso amarillo, se pasan por huevo y pan molido y se fríen. Se sirven con una ensalada de lechuga, manzana, apio y pasitas, todo picado y revuelto con mayonesa.

Lomo hawaiano

2 kilos de lomo de cerdo
1 lata de piña de 800 gramos
4 chiles pimientos verdes
4 chiles pimientos rojos
4 docenas de cebollitas de cambray
4 cucharadas de salsa cátsup

El lomo, cocido y rebanado, se baña con la piña picada y su jugo, los chiles en rajas y las cebollitas, ambas ligeramente fritas y la salsa cátsup. Se deja dar un hervor a que se sazone la carne.

Costillas en mandarina

2 kilos de costillitas de cerdo
2 tazas de jugo de mandarina
1 cucharada de raspadura de mandarina
1/3 de taza más o menos, es al gusto de miel de maíz
Salsa de soya para rociarlas
1/2 cucharadita de jengibre

Se doran las costillitas. Se ponen en la olla express o al horno.
Se rocían con la miel, la salsa de soya y se bañan con el jugo de
mandarina. Se cuecen 20 minutos más o menos o hasta que
estén suaves.

Lomo de cerdo con *chutney*

1 frasco de *chutney* de 400 gramos
1/2 taza de salsa de soya
1/2 taza de agua

El lomo, previamente dorado, se coloca en un refractario, untado
con mantequilla, se le vacía la mitad del chutney, la soya el agua
y se mete al horno hasta que esté suave. Al día siguiente se rebana y se le pone la otra mitad del chutney para calentarlo en el
horno poco antes de servirse.

Lomo relleno

1/2 kilo de lomo de cerdo abierto aplanado
2 a 3 huevos
2 a 3 zanahorias
2 a 3 rebanadas de jamón
2 chiles pimientos rojos
100 gramos de ejotes más o menos

Se extiende el lomo, se sazona con sal y pimienta, luego se le extiende una torta de huevo delgada, que se habrá preparado con los huevos, y en seguida se le colocan en sentido vertical tiras de zanahoria, igual que de jamón, ejotes y chiles, hasta terminar. Se enrolla en sentido horizontal, bien apretado y se cose con hilo grueso. Se fríe en aceite a que dore con una cucharada de harina y por último se cubre con jitomate molido con ajo y cebolla y se sazona con pimientas gruesas, sal y hojas de laurel o perejil, al gusto. Se deja hervir hasta que esté suave. De preferencia se prepara la víspera, para poderlo rebanar bien frío.

Bistecs a la germana

8 bistecs de cerdo
3/4 de kilo de papas
1 barrita de margarina de 100 gramos
1 taza de leche
Mostaza para untarlos

Los bistecs se untan de mostaza. Las papas se rebanan delgaditas. Se colocan en un platón refractario una capa de bistecs y otra de papas, se cubren con la leche. Se les pone la margarina en trocitos. Se tapan y se meten al horno.

Costillas de cerdo encebolladas

Se dora bastante cebolla rebanada delgadita. Se aparta. En esa misma grasa se doran las costillas. Se retiran y ahí se dora una cucharada de harina y se le va agregando agua poco a poco. Cuando suelte el hervor se le ponen las costillas, la cebolla dorada, sal, pimienta, perejil y una hoja de laurel. Se tapa y se deja hervir a fuego lento hasta que estén suaves.

Carne de cerdo con champiñones

1/2 kilo de carne de cerdo en trocitos
1/2 kilo de champiñones
3 chiles poblanos
1/4 de kilo de jitomate, ajo y cebolla

Se prepara una salsa con el jitomate picado (sin pellejo), ajo cebolla y los chiles en rajas asados, se le añaden los champiñones partidos, sal, pimienta y consomé en polvo. Allí se vacían los trocitos de carne, previamente cocidos a que se sazonen.

Albóndigas

1/2 kilo de carne molida de cerdo, res o combinadas
2 huevos
50 gramos de bolillo molido y remojado en leche
1 pizca de cominos molidos

La carne se mezcla con todos los ingredientes y se forman bolitas del tamaño de una nuez de castilla, que se irán echando en
un caldillo que estará en la lumbre hirviendo y preparado con
un ajo, un pedazo de cebolla, una cucharada de harina y puré de
tomate, con chiles chipotles molidos. Se le agregan también
papas o calabacitas crudas, partidas en trozos y se deja hervir a
fuego lento, hasta que estén cocidas.

Bistecs molidos

1/2 kilo de carne de cerdo, res o combinada
2 huevos
1/4 taza de pan molido
1 cucharada de mostaza
Sal, pimienta y consomé en polvo

Una vez mezclada la carne con todos los ingredientes, se toman
porciones que se extienden en forma de bistec, sobre el pan
molido, y en seguida se fríen en aceite. Se sirven con ensalada
al gusto.

Alubias compuestas

1/2 kilo de alubias
1/2 kilo de carne de cerdo
100 gramos de chorizo o tocino
250 gramos de salchichas para coctel
1/2 taza de puré de tomate de lata
1 cebolla mediana
3 ajos y sal

Las alubias, remojadas la víspera, se cuecen con un trozo de cebolla, un diente de ajo y sal. Aparte se cuece la carne en trocitos, también con cebolla, ajo y sal. En una cacerola se fríe en aceite un trozo de cebolla, un ajo, el chorizo, las salchichas y por último el jitomate y en este guiso se vacían las alubias y la carne cocida con todo y su caldo, previamente colado. Se deja dar un hervor para que se sazonen y se sirve con rajitas de chiles jalapeños.

Garbanzos compuestos

Los garbanzos se remojan la víspera, se cuecen con ajo, cebolla y sal y se les quita el pellejo. Se guisan como las alubias, suprimiendo la carne y de preferencia con tocino.

Lentejas

Se cuecen con ajo, cebolla y sal, en olla destapada (nunca en olla exprés), y se guisan con tocino picado, cebolla, ajo, sal y puré de jitomate. Se sirven con frutas, plátano, piña o manzana picados.

Res

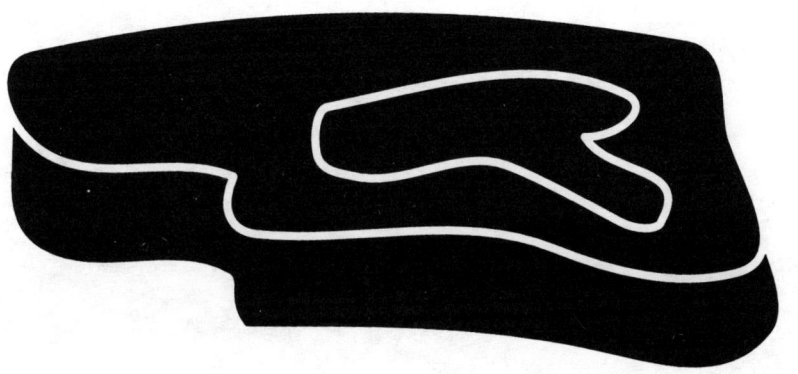

Pastel de carne molida

1/2 kilo de aguayón molido
100 gramos de tocino rebanado
3 plátanos
1/2 taza de leche
1 huevo
1 cucharada de mostaza
1 pan molido
2 cucharadas de azúcar morena o piloncillo
Sal y pimienta

Se ponen en el fondo del molde el tocino y los plátanos partidos a la mitad se espolvorean con el azúcar. Se le vacía encima la carne revuelta con todo lo demás y se mete a horno regular una hora más o menos.

Ternera en vino blanco

Se corta la ternera (1 kilo) en trozos y se coloca en una cacerola con una taza de vino blanco y agua hasta que la cubra. Una vez que hierve, se espuma y se le agregan 2 dientes de ajo, 2 clavos, 1 cebolla, pimientas enteras, 2 zanahorias, hierbas de olor y sal. Se deja a que esté medio cocida (1 hora más o menos). Se sacan los trozos de carne y se fríen, sin que doren. El caldo colado se le vacía y se vuelve a poner a fuego lento, hasta que esté suave la carne. Al servirse se le ponen dos yemas de huevo disueltas en una poca de leche, el jugo de un limón, perejil picado y un ajo machacado. Si se desea se le puede agregar una lata de champiñones.

Bistecs en chorizo

Se fríe el chorizo, se aparta, y en esa grasa se fríen los bistecs. Se hace una salsa de jitomate con rajas de chile poblano. En esa salsa se ponen los bistecs y el chorizo y se dejan hervir hasta que estén suaves.

Meat loaf

1 kilo de carne de res molida
1 huevo entero
1 diente de ajo
1 pedazo de cebolla
2 ó 3 clavos
6 cucharadas de salsa cátsup

Se licúan todos los ingredientes y se le revuelven a la carne, además de dos cucharadas de pan molido. Una vez bien mezclado, se le da forma de rollo, se coloca en un refractario engrasado, de preferencia en forma de pan de caja, y encima se le ponen tiras de tocino.

Se mete a horno precalentado a 200ºC, durante media hora, más o menos. Se saca y, ya para servirse, se baña con una taza de agua caliente a la cual se le habrá agregado una cucharadita de consomé de pollo y cuatro cucharadas de salsa cátsup, y se vuelve a meter al horno, ya sólo a calentar.

Bistecs con espinacas

1 kilo de bistecs
2 tazas de jitomate molido con 2 dientes de ajo y una cebolla
1/2 kilo de espinacas
2 cucharadas de aceite
Sal y pimienta

Pon el aceite en olla de presión. Coloca una capa de bistecs, sal y pimienta, otra capa de espinacas cortadas en trozos grandes y otra de jitomate, hasta terminar con todos los ingredientes. Tapa la olla y cocina durante 10 minutos.

Roast beef

El *roast beef*, sin hueso y amarrado (para que tenga forma redonda, como un cuete), se pone a marinar la víspera con vinagre, hierbas de olor, rodajas de zanahoria y cebolla, dos dientes de ajo machacados y pimientas gordas. Al día siguiente se saca y se seca con un trapo y se fríe en aceite bien caliente durante tres cuartos de hora. Se retira la carne y en ese mismo aceite se prepara la salsa como sigue: se fríen todos los pellejos y grasa que se le quitaron al *roast beef*, se le agrega un poco de jitomate molido con cebolla, ajo y colado. Se deja hervir y si no tiene color oscuro, se le agrega un poco de caramelo (azúcar quemada sin agua), o bien jugo de carne. Esta salsa se cuela, se le vacía a la carne ya rebanada y se mete al horno a calentar (para que no pierda el color rosado la carne). La sal se le pone al final. Al ponerle el jitomate se le vacía también la marinada.

Carne en salsa de soya

1 kilo de bola de res
1/2 barra de margarina (50 gramos más o menos)
1/4 de taza de soya
1 diente de ajo machacado
1/2 taza de agua
Sal y pimienta

La bola se unta de sal, pimienta y el ajo machacado. Se baña con la soya diluida en el agua. Se le pone la margarina en trocitos y se mete a horno regular unos 40 minutos.

Carne en crema

1 kilo de filete
150 gramos de mantequilla o margarina
1/2 kilo de cebolla
1/2 cucharada de paprika
1 cucharada de pimentón
1/2 taza de crema

En la mantequilla derretida se fríe la cebolla picada finamente, se deja acitronar y luego se agregan la carne cortada en trozos, la paprika, el pimentón y una poca de sal. Se deja freír hasta que se consuma un poco el jugo que suelte la carne. En seguida se cubre con agua caliente y se deja hervir a fuego lento hasta que se cueza. Una vez fría se rebana, se le agrega la crema y se deja hervir unos minutos antes de servirse.

Pastel de carne

1/2 kilo de aguayón de res
1/2 kilo de ternera
1/2 kilo de carne de cerdo

Todas estas carnes, muy limpias de pellejos y nervios se pican y se muelen junto con dos dientes de ajo y una cebolla; después se mezclan con dos tazas de *corn flakes*, tres huevos, sal, pimienta, un poco de polvo de cominos y media taza de leche. Se coloca en un molde para pan de caja, bien untado de mantequilla, y se cuece en horno suave durante una hora. Se voltea en un platón refractario, se cubre con duya de puré de papa bien sazonado. Se hornea hasta que dore el puré.

Aguayón con champiñones

1 kilo de aguayón
2 cebollas grandes
1 lata de champiñones rebanados
1/4 de crema agria
1 cucharada de salsa cátsup o chile chipotle

Se parte el aguayón, hecho bistecs, en tiras delgadas como un cigarro. En un sartén se dora la cebolla rebanada hasta que quede café. Se retira y en la misma grasa se dora la carne, también hasta que quede café. Se le vacían los champiñones y con su jugo se hace una salsa con media barra de margarina, 2 cucharadas de harina dorada, consomé en polvo. Se vacía ésta sobre la carne, agregándole más agua, si es necesario, para que se cueza y quede caldosa. Ya para servirse, se le agrega la crema y la cucharada de cátsup.

Filete envuelto en pasta de hojaldre

Un filete abierto y untado de cebolla molida, pimienta y sal, se pone a asar. Una vez asado, se coloca sobre pasta de hojaldre extendida más o menos al grueso de pay, se unta con paté y luego se enrolla en dos vueltas y se mete al horno unos 15 minutos, en cuanto se cuece el hojaldre.

Filete Luisita

Un kilo de filete, limpio y abierto, se unta de mostaza, pimienta y sal. Se pica una rebanada de jamón, 3 de tocino y tantita cebolla frita, 6 aceitunas y un poco de perejil. Todo esto se extiende sobre el filete y luego se enrolla. En seguida se cortan rebanadas de casi una pulgada de grueso y se faja cada una con una tira de tocino. Se unta un refractario con mantequilla y ahí se colocan apretadas, para que no se desbaraten. Encima se les pone un trocito de mantequilla y tantito orégano. Se meten al horno durante media hora, y un poco antes de sacarlas se bañan con tres cucharadas grandes (de cocina) de crema espesa.

Rollo de carne molida

1/2 kilo de carne de res
1/2 kilo de carne de cerdo
300 gramos de jamón
3 huevos
1 taza de galletas saladas remojadas en leche, sal y pimienta al gusto

Tiras de tocino para enrollar

Se revuelve todo ya molido y se hace un rollo que se coloca en un platón refractario engrasado, en donde estarán ya las tiras de tocino, puestas horizontalmente para envolver el rollo (con las puntas hacia abajo). Se mete a horno moderado y tapado con papel estaño.

Otra carne molida

1/2 kilo de carne de res
1/2 kilo de carne de cerdo
3 huevos
100 gramos de tocino
1/2 bolillo, remojado en leche
1 cucharada de mostaza
1 taza de crema
Cebolla y sal

A las carnes, ya molidas con el pan, se les revuelve el tocino y la cebolla finamente picados y los demás ingredientes. Se mete al horno en un molde engrasado y se baña con crema.

Platillos
Antojitos Mexicanos

Mole poblano

1 kilo de chile mulato
200 gramos de chile ancho
200 gramos de chile pasilla
De 2 a 4 chiles chipotles (es picante)
1 taza de semilla de chile tostada
1/2 kilo de almendra frita
250 gramos de nuez frita
250 gramos de pasitas fritas
150 gramos de piñón frito
200 gramos de cacahuate frito
50 gramos de anís tostado
150 gramos de ajonjolí tostado y molido
100 gramos de ajonjolí tostado para adornar
30 gramos de canela
1/2 nuez moscada
4 pimientas gordas o tabasco
3 clavos
1 plátano largo o macho frito con su cáscara
2 tortillas y un bolillo chico, ambos fritos
Un diente de ajo
2 tablillas de chocolate fritas
1/2 piloncillo, si se desea (no endulza, sólo le da buen sabor)
1 kilo de manteca de cerdo (para freír chile y olores y después el mole ya molido)
1/2 kilo de papada u otra carne de cerdo grasosa, para hacer el caldo que se necesita y darle el espesor deseado.

El chile se limpia con un trapo húmedo. Se abre, se le quitan las semillas y se tuesta en un comal, a fuego regular, hasta que ampolle y se voltea un momento al otro lado. Se debe tener mucho cuidado de no quemarlo. Las almendras, nuez, pasas, etc. se van friendo por separado y se le agregan las especias. Se muelen en seco, por separado, chile y olores. Ya molido, se fríe en medio kilo de manteca más o menos. Cuando se vea el fondo de la cazuela, se le agrega poco a poco, sin dejar de mover, el caldo de la carne y los olores, para que hierva durante una hora, sin dejar de mover.

Chiles en nogada

30 chiles poblanos asados y limpios de piel y semillas

Nogada:
100 nueces de castilla sin cáscara y pellejo café
1/4 de kilo de queso fresco
1 bolillo chico remojado en leche (1 taza)
1 diente de ajo y sal

Se muele todo en la licuadora de modo que quede con la consistencia deseada. Rinde un litro más o menos.

Picadillo de relleno:
1 kilo de carne de cerdo, finamente picada
Yerbas de olor
1 kilo de jitomate
1 cebolla
6 dientes de ajo
Un manojo de perejil
1 manzana grande, 2 duraznos, 1 pera (esta fruta debe ser dura)
1/4 de kilo de pasitas sin semilla
2 barritas de acitrón
1 plátano macho

La carne se cuece con las yerbas de olor y sal, en muy poca agua. Ya cocida se vacía en la salsa, que se habrá preparado con la cebolla finamente picada, los ajos, el jitomate molido y colado y el perejil, también finamente picado. Ya que esto está bien refrito, se le van agregando en el orden anotado las frutas, pasitas, acitrón y plátano (frutas y acitrón picados). Se deja hervir hasta que se suavicen las frutas y se sazone. Si se siente desabrido se le puede agregar un poco de azúcar. Con esto se rellenan los chiles y ya para servirse se capean con huevo batido y se fríen. Se llevan a la mesa bañados con la nogada y adornados con granos de granada y hojas de perejil. La nogada no se calienta.

Tinga poblana

1 kilo de lomo de cerdo o cuete de res
1/2 kilo de jitomate, o el necesario para cubrir la carne
1 cebolla mediana
2 dientes de ajo
100 gramos de chorizo
4 chiles chipotles de lata
300 gramos de papas

La carne, cocida y deshebrada, se fríe en aceite para que dore ligeramente. Se aparta. En la misma cacerola (o sartén) se fríen en aceite el ajo, la cebolla, los chipotles en rajitas, el chorizo y por último el jitomate, el necesario para cubrir la carne y que quede jugosa. En este guiso se vacía la carne, hasta que dé un hervor y se sazone y por último, las papas cocidas y partidas en cubitos. Se sirve adornado con rajas de aguacate y queso panela.

Mole de olla

1/2 kilo de carne de cerdo en trocitos y algo de hueso
4 chiles pasilla
4 chiles guajillo
8 calabacitas tiernas
2 dientes de ajo y media cebolla mediana
1 cucharadita de orégano molido
1 cucharada de vinagre
1 rama de epazote y sal

La carne se pone a cocer con cebolla, ajo y sal. Se espuma y se cuela. En seguida se le agregan los chiles, que se habrán asado, hervido y molido con cebolla, ajo, el orégano, el vinagre y la sal. Si no se quiere muy picante, se les quitan las semillas. Esto se vacía en la olla en donde está la carne y se le agrega el epazote. Una vez cocida, se le agregan las calabacitas, que se habrán cocido al vapor.

Pozole

El maíz, que se vende precocido en bolsas de 1 kilo, se cuece con cebolla, ajo y sal, previamente enjuagado. Aparte se cuece la carne de cerdo en trocitos y varios huesos, y se cuela antes de incorporarse al maíz, junto con la carne. Por último se le agrega el chile guajillo, que se habrá asado o hervido para suavizarlo, y molido con ajo, cebolla, orégano, vinagre y sal y ligeramente frito.

Se puede hacer de pollo, con pechuga y rabadilla. La pechuga deshebrada gruesa. Al servirse se adorna con lechuga, cebolla, rabanitos, todo picado, orégano molido y limón.

Rollos de frijoles con tocino

2 tazas de frijoles cocidos y desbaratados
2 cucharadas de salsa cátsup o chile chipotle
2 cucharadas de cebolla finamente picada
1 huevo
1 taza de pan molido o de arroz cocido
Tiras de tocino
Sal, pimienta u orégano

Se revuelve todo y se hacen unas croquetas. Se envuelve cada una en una tira de tocino, unida con un palillo y se fríen.

Romeritos

1 kilo de romeritos
4 nopales tiernos

Mole:

5 chiles mulatos, 4 pasilla, 2 anchos y 1 chipotle
1 cucharadita de anís
3 pimientas gordas
1 rajita de canela (una pulgada más o menos)
2 clavos
un puño de ajonjolí tostado

1 taza de cacahuates pelados y fritos
8 almendras también peladas y fritas
1 tortilla
1/2 bolillo frito
1 plátano largo (si se quiere)
1 jitomate mediano asado
1 diente de ajo

Se muele todo en la licuadora. Se refríe muy bien (hasta ver el fondo de la cacerola) en manteca de cerdo y se le va agregando caldo hasta tener la consistencia deseada. En este mole se echan los romeritos limpios (sin raíz), ya cocidos y los nopalitos picados y fritos y por último las tortas de camarón: 100 gramos de polvo de camarón revuelto en 3 huevos batidos a punto de turrón. Se dejan hervir a fuego lento hasta que se cuezan.

Tacos María

Se le revuelve a la masa de maíz chile ancho y queso añejo. Se hacen tortillitas largas. Se pasan por la manteca. Encima se les pone chorizo o carnitas de cerdo con cebolla y tomate verde picados en crudo y fritos. Se adornan con ensalada de lechuga.

Chalupitas

Se le revuelve a la masa de maíz, queso fresco (o añejo), sal y tantita manteca de cerdo. Se hacen las chalupas de medio centímetro de grueso; se fríen en manteca bien caliente; cuando están doradas, se sacan y se les pone el relleno siguiente: se fríe en manteca cebolla finamente picada, carne deshebrada de cerdo y tomates verdes cocidos y molidos y sazonados con sal y pimienta. Con esto se bañan las chalupitas. Si se quiere se les puede agregar cebolla picada en crudo, rajas de aguacate y más queso.

Chalupitas poblanas

Las chalupitas, ya cocidas, se ponen sobre un comal previamente calentado, con la carne de cerdo deshebrada; se bañan con la salsa, ya sea verde o roja y por último con manteca, que se tendrá ya derretida y bien caliente para que se frían de inmediato y no se doren. Se adornan con cebolla finamente picada y se sirven con arroz blanco y frijoles.

Salsa verde:
Tomates de cáscara verdes, chiles serranos asados y molidos con sal, ajo y cilantro.

Salsa roja:
Jitomates maduros y chiles moritas asados y molidos con sal y ajo.

Enchiladas gordas

24 tortillas chicas
1/2 litro de leche
1/4 de queso fresco

Se remojan las tortillas en la leche, se muelen con el queso y la sal. Se forman unas gorditas del tamaño de una galleta maría, se fríen en la manteca, se parten por la mitad y se extienden en el platón.

Salsa:

Se prepara con 20 tomates verdes, 8 chiles verdes que se cocerán y luego se molerán con cilantro, cebolla y sal; por último se fríe en manteca o aceite. Con esto se bañan las gordas y se les agrega una poca de crema.

Tacos de harina de trigo

Se pone a hervir una taza de leche, se le agregan 50 gramos de mantequilla o margarina y 250 gramos de harina y sal, hasta formar una masa que despegue de la cacerola. Se extiende, se cortan los tacos, se rellenan de jamón endiablado, jamón cocido, queso, atún, chorizo, etc. y se fríen.

Tacos de frijoles y chorizo

Se fríe el chorizo y en la misma grasa los frijoles molidos. Con éstos se rellenan las tortillas ya fritas y se hacen los tacos, que se bañarán con la salsa siguiente: se asan, limpian y muelen tres chiles poblanos; se fríen, se les revuelve un cuarto de crema y se meten al horno a calentar.

Entomatadas

Se fríe harina hasta que dore y se le agrega jitomate molido con ajo y cebolla y sazonado con sal, pimienta y un chorrito de salsa inglesa. Se le agrega queso amarillo rallado y se deja hervir para que se desbarate. Se mojan las tortillas, ya fritas en esta salsa y se acomodan en un platón refractario. Se les vacía la salsa que haya sobrado y crema agria. Se meten un ratito al horno.

Tacos de chile chipotle

Se desbarata un poco de chile chipotle con un poco de jugo en queso añejo rallado, hasta formar una pasta. Con esto se rellenan las tortillas, ya fritas y se hacen tacos que se acomodan en un platón y se cubren con guacamole, tiras de queso, de chile, rabanitos y cebollas en anillos.

Chipotles en vinagre

Se remojan los chiles la víspera, cambiándoles el agua tres veces. Se abren con tijeras para quitarles las semillas y venas, si no se quieren muy picantes. Se ponen a cocer con un pedazo de piloncillo, una cabeza de ajo, yerbas de olor, vinagre, aceite, sal y pimientas gordas. Esto para un cuarto de chiles más o menos.

Chile-atole

2 litros de agua
1 taza de harina de maíz
2 elotes tiernos
3 chiles poblanos
3 chiles serranos
1 rama de epazote
Sal y consomé de pollo al gusto

Se hierve la harina de maíz en el agua con sal, hasta que espese. Se le agregan los chiles asados y licuados, el elote desgranado con el agua en que se coció y el epazote. Se sazona con el consomé en polvo.

Ponche - 1

10 litros de agua
1 kilo de guayabas
1 kilo de tejocote
1/4 de kilo de ciruela pasa
1/4 de kilo de pasitas
1/4 de kilo de orejones
10 trozos de caña
20 centímetros de raja de canela
Azúcar y ron al gusto

Las cañas se hacen rajas, las guayabas y tejocotes partidos en cuarterones y las ciruelas picadas. Se hierve todo cuatro horas, más o menos, y para servirse se le agrega ron al gusto.

Ponche - 2

1 litro de agua
5 guayabas
1/4 kilo de ciruela pasa
3 ó 4 cucharaditas de té negro
1 raja de canela
Azúcar y ron al gusto

Se pone a quemar una tercera parte del azúcar y en seguida se le pone la guayaba en tiras y una parte molida. Ya se tendrá la infusión de té, que se habrá hervido con la canela, y se vacía sobre el azúcar ligeramente quemada. Se deja hervir un poco, y para servirse se le agrega el ron.

Salsas

Salsas

Mayonesa

1 huevo entero
1 cucharadita de azúcar
1 cucharadita de sal
1/2 cucharadita de mostaza
1/4 cucharadita de pimienta blanca
1 cucharada de jugo de limón
3/4 de taza de aceite de maíz

Se echan todos los ingredientes en la licuadora y ya en movimiento se le agrega aceite, poco a poco, hasta obtener la consistencia deseada.

Mayonesa de limón

1/4 de taza de jugo de limón (1/4 de taza después)
1 yema
2/3 de taza de leche condensada
1/4 de taza de aceite de maíz o de oliva
1/2 cucharadita de sal
1 cucharadita de mostaza

Se bate todo en la batidora hasta que espese. Mientras se está batiendo, se le va agregando el otro cuarto de taza de jugo de limón.

Para servir con ensaladas de frutas y también de papa con manzana o piña y nuez, si se desea.

Salsa de jitomate

Se fríe en aceite un diente de ajo, un pedazo de cebolla, una cucharada de harina y se le incorpora una taza de jitomate licuado y colado, o bien de puré de lata.

Salsa de nuez

Se fríe ligeramente 1/2 taza de nuez, 1/4 de taza de cacahuate, 1/4 de bolillo chico, 1 diente de ajo, 1 chile ancho y sal al gusto y se muele.

Salsa de chile ancho

6 chiles, 1 cucharadita de cocoa, canela y azúcar al gusto y un pedazo de bolillo para espesar. Se fríe y se muele.

Salsa blanca

2 cucharadas de mantequilla, 2 cucharadas de harina, 1 taza de leche, nuez moscada, sal y pimienta al gusto, unas gotas de limón. En la mantequilla derretida se deshace la harina y se le agrega la leche poco a poco, moviendo constantemente hasta que espese. Se retira del fuego y se le agregan las gotas de limón y las especias.

Si no se va a usar en seguida, se pone sobre agua caliente y encima un trocito de mantequilla.

Salsa de queso

Una cucharada de mantequilla, 2 cucharadas de harina, 2 cucharadas de queso rallado, 1 taza de leche, sal, pimienta y paprika. Se derrite la mantequilla, se le agrega la harina de modo que se disuelva bien, luego la leche, poco a poco, sin dejar de mover, hasta que espese; por último la sal, pimienta y paprika y ya fuera del fuego, el queso. Esta salsa se usa con coliflor, espárragos, o cualquier otra verdura y con huevos pochés.

Salsa de almendra

200 gramos de almendra, 200 gramos de queso fresco, 1 taza de leche, vinagre, ajo, sal y pimienta blanca al gusto y una pieza de pan.

La almendra, remojada desde la víspera, se muele con el pan remojado en el vinagre, el queso, la leche, ajo, sal y pimienta. Esta salsa se usa con pollo y carne fría y para bañar aguacates rellenos.

Salsa de mostaza

1 cucharada de mostaza, 1 yema de huevo, 1/2 taza de aceite fino, unas gotas de limón, sal y azúcar, al gusto. Se baten bien la mostaza y la yema, hasta que esponjen, luego se les agrega poco a poco el aceite, la sal y el azúcar y por último el limón.

Salsa para camarones

Se revuelve una taza de mayonesa, una taza de crema batida, jugo de limón y cátsup, hasta que quede color de rosa. Por último salsa inglesa o vino blanco, al gusto.

Salsa de mostaza para pescado

2 jitomates grandes, media cebolla rebanada, medio ajo, media pieza de pan remojada en leche, media cucharadita de mostaza, perejil al gusto. Se fríe todo, se muele con el pan remojado en leche, se cuela y se vuelve a poner al fuego a que espese, antes de servirse se le agrega la mostaza.

Mayonesa verde

2 jitomates, 4 yemas cocidas, 30 almendras peladas, 2 manojos de perejil, 16 cucharadas de aceite, 8 cucharadas de vinagre, 1 cucharada de mostaza, 2 rebanadas de cebolla, sal y pimienta. El perejil se sancocha en agua, se escurre, se muele con el jitomate, la cebolla, las yemas y las almendras y se les va agregando el aceite, la mostaza y el vinagre. Se decora con las almendras picadas.

Adobo

2 chiles anchos, 1 chile pasilla, 1 cebolla, 1 diente de ajo, media tortilla dorada, 1 clavo, orégano y cominos (lo que se coja con los dedos).

Encacahuatado

1 taza de cacahuate ligeramente tostado
1 pedacito de cebolla
1 diente de ajo
1/2 bolillo chico, frío y frito
Cominos (los que se cojan con los dedos)
2 pimientas gordas
1 rajita de canela de 3 cms.

Se muele todo, se fríe y se le agrega el caldo necesario, de modo que quede de la consistencia deseada. Se sirve con chiles cuaresmeños, si se desea. Se puede usar con carne de res o cerdo.

Pipián colorado

3 chiles anchos tostados y remojados
1 jitomate asado
1 diente de ajo
3 pimientas gordas
1 raja de canela
1 pedazo de cebolla
1/2 taza de cacahuate ligeramente tostado
1/2 taza de ajonjolí ligeramente tostado

Se muele todo y se fríe en manteca de cerdo. Se le agrega el caldo necesario, y que hierva a fuego lento hasta tener la consistencia deseada. Se sirve con carne de cerdo, res o pollo.

Salsa ragú (para espagueti)

1 lata de 800 gramos de puré de jitomate
1 jitomate mediano finamente picado (sin pellejo)
1/2 taza de cebolla picada
1/2 taza de apio picado
1 taza de zanahoria rallada
50 gramos de mantequilla
1/4 de taza de aceite
Hierbas de olor
2 ramitas de tomillo
2 ramitas de mejorana
5 hojas de laurel
Una pizca de romero
Una pizca de orégano

Se fríe todo y se deja hervir a fuego lento durante cuatro o cinco horas. Se sirve sobre el espagueti y encima el queso rallado.

Salsa para carnes

1 taza de pasitas
1 1/2 tazas de jerez
3 clavos

Se remojan por una hora las pasitas y los clavos en el jerez. Aparte se sazona puré de jitomate con cebolla, ajo y consomé en polvo. Se fríe muy bien y se revuelve con las pasitas y clavos molidos en el jerez. Se agrega la carne y se deja hervir unos minutos a que se sazone.

Postres y helados

Crema pastelera

2 tazas de leche
1/3 de taza de azúcar granulada
3 yemas de huevo
2 cucharadas de maizena o harina
1 cucharadita de vainilla
Mantequilla

Se calienta la leche con la vainilla hasta que hierva. Se tapa y se mantiene caliente. Se baten las yemas con el azúcar y se le agrega la harina o maizena, poco a poco, por último la leche caliente, batiendo constantemente. Se pone de nuevo al fuego, a que hierva, sin dejar de mover vigorosamente, por espacio de un minuto. Se vacía a un refractario y encima se le ponen pedacitos de mantequilla para evitar que se forme nata. Se deja una hora más o menos en el refrigerador.

Mermelada de limón

1 1/2 taza de limón sin semilla, rebanado muy finamente con todo y cáscara
1/2 taza más de pura cáscara, también finamente picada
6 tazas de agua
4 1/2 tazas de azúcar
Cerezas partidas en gajitos (si se desea)

Se ponen a hervir el limón y la cáscara en las 6 tazas de agua durante 25 minutos a fuego fuerte, luego se agrega el azúcar a que hierva 30 minutos más, también a fuego fuerte o hasta que esté a punto de cortina. Se le agregan las cerezas, se deja enfriar 5 minutos, se envasa en frascos esterilizados y se sella con parafina derretida.

Mousse de menta

1 lata de leche evaporada
1/2 bolsa de malvavisco blanco
3/4 de taza de licor de menta

Se disuelve el malvavisco en el licor de menta y se pone a enfriar hasta que cuaje a punto aguado, luego se bate para que quede esponjoso y se le mezcla a la leche *Clavel*, previamente congelada y batida a punto de turrón.

Mousse de limón

2 sobres de gelatina *Knox* sin sabor
1/2 taza de agua fría
2 tazas de agua caliente
1 1/2 tazas de azúcar granulada
1/2 taza de jugo de limón
1 cucharada de raspadura de limón
4 claras de huevo

Se hierven las dos tazas de agua con el azúcar. Se retira del fuego y se le agrega el jugo de limón, la raspadura (colada) y las gelatinas disueltas en la media taza de agua fría. Una vez fría se mete al congelador hasta que tome el punto de una clara de huevo. Por último, se bate esta gelatina para que quede espumosa y se le mezclan las cuatro claras, previamente batidas a punto de turrón. Se vacía a un molde untado con aceite y se mete a cuajar al refrigerador.

Gelatina de cajeta de celaya

1 lata de leche evaporada
1/2 frasco mediano de cajeta
2 sobres de grenetina sin sabor
Ron o coñac, al gusto

Se disuelve la grenetina en media taza de agua fría. Se hierve cajeta con media taza de agua, Ya fría se mezcla con la leche evaporada batida y el ron, y por último se le agrega la grenetina disuelta en agua. Se vacía en molde de rosca (mojado en agua fría) y se mete a cuajar al refrigerador. Si se desea se adorna con cerezas.

Se puede usar también en carlota de soletas envinadas; es decir, bañando las soletas envinadas, colocadas en varias capas.

Postre de piña

1 lata de 800 gramos de piña
2 quesos frescos de 200 gramos
1 gelatina de piña de 170 gramos
1 lata de leche de 410 gramos

Se disuelve la gelatina en agua caliente y se le revuelve la leche.

En esto se licua la piña, previamente escurrida, se cuela y se le muele el queso. Se vacía en un molde de corona y se mete a cuajar al refrigerador.

Postre de fresa

125 gramos de fresa
2 claras de huevo
1 taza de azúcar granulada

Se baten las claras a punto de turrón y se les agrega la fresa desbaratada con un tenedor y el azúcar. Se mete al refrigerador hasta la hora de servirse. También se puede hacer en licuadora, echando todos los ingredientes.

Postre de limón

Se esponja en la batidora una lata de leche evaporada congelada. Se le agrega una taza de azúcar, una gelatina de limón y el jugo de un limón. Se vacía a un platón y se adorna con galletas marías molidas, o con cerezas, al gusto.

Gelatina de guayaba

1/2 kilo de guayabas de preferencia grandes
1 paquete grande de gelatina de fresa
1 lata de leche
2 tazas de agua

Se licuan las guayabas con una taza de agua y se cuelan. La gelatina se disuelve en el agua caliente y se revuelve todo junto con la leche. Se vacía en un molde y se mete al refrigerador a cuajar. Se puede bañar con crema chantilly y adornar con nueces, si se desea.

Gelatina de rompope

1 lata de leche condensada
1 taza de leche evaporada
1 taza de rompope
2 sobres de gelatina sin sabor
1/2 taza de agua fría
2/3 de taza de agua hirviendo

Disolver la gelatina en agua fría y vaciarla en los 3/4 de taza de agua hirviendo. Licuar esto con el resto de los ingredientes.

Vaciarla a un molde y meterla a cuajar al refrigerador.

Dulce de coco

1 cocada mediana
1 lata de leche evaporada
3 huevos
1 cucharadita de vainilla
1 copita de ron

Se licúa la cocada con la leche y las yemas. Se pone en el fuego a que hierva. Ya frío se le agrega la vainilla y el ron. Encima del

dulce se ponen las claras batidas a punto de turrón, espolvoreadas de canela.

Rompope

1 lata de leche condensada
4 a 6 huevos
1/2 taza de ron
Canela
1/2 cucharadita de vainilla

Se licúa todo y se refrigera. Ya frío se sirve en copas y se espolvorea con canela en polvo.

Turrón de yemas

1/2 lata de leche condensada
1/8 de litro de agua
3 yemas
50 gramos de azúcar granulada
75 gramos de almendra molida
3 claras
1 cucharadita de vainilla
50 gramos de cerezas

Póngase al fuego la leche condensada y el agua, moviendo constantemente para que no se pegue. Cuando suelte el hervor, se
retira del fuego y se agregan las yemas batidas con el azúcar a
punto de listón. Se vuelve a poner al fuego y se le incorpora la
almendra molida, dejando que tome punto de crema espesa, pero

sin dejar de mover. Sepárese nuevamente del fuego y bátase otro poco añadiendo las claras batidas a punto de turrón y la vainilla.

Se vacía en un platón y se decora con las cerezas cortadas en rajitas, formando flores.

Divinity fuchs

6 claras de huevo
1 kilo de azúcar
1 taza de miel de maíz
1 taza de agua
200 gramos de piñones pelados
200 gramos de nueces peladas
1 cucharadita de vainilla y el zumo de un limón

Se ponen al fuego el agua, la miel y el azúcar, hasta dar punto de bola alta, casi caramelo. Las claras batidas a punto de turrón, y sin dejar de batir, van recibiendo la miel poco a poco, como si fuera aceite para mayonesa; luego se le agrega el jugo de limón y la vainilla. Cuando empieza a cuajar se le agregan los piñones y las nueces. Se untan moldes de caja con mantequilla, se vacía en ellos y al enfriar, ya cuajada, se sacan de los moldes.

Rosca de chocolate

450 gramos de margarina
10 huevos
7 1/2 cucharadas de azúcar glass
1/4 de kilo de nuez picada

1/2 litro de crema dulce con azúcar glass
2 barras de chocolate (400 gramos)
1/2 taza de jerez

Se bate la margarina, se le agregan las yemas una a una y el azúcar, y por último el chocolate derretido en baño de maría.

Aparte se baten las claras a punto de turrón, se envuelven y se agregan las nueces y el jerez.

En molde de rosca se coloca un trapo mojado, y ahí se vacía la pasta. Se mete al refrigerador desde la víspera. Ya para servirse, se voltea en un platón y se adorna con chocolate rallado, cerezas o crema batida.

Postre de soletas

3 docenas de soletas mojadas en rompope
300 gramos de piñones
2 latas de leche condensada

Se colocan las soletas en un platón y se bañan con la leche a la cual se le habrá licuado el piñón. Se adorna con piñones enteros.

Postre de leche

1 lata de leche condensada
10 galletas marías molidas
1 huevo
Nuez picada.

Se revuelve todo. Se vacía en un refractario y encima se le pone la clara batida a punto de turrón y se mete al horno para que dore. Se adorna con la nuez.

Postre de galletas marías

Galletas marías
1 lata de leche condensada
1 lata chica de leche evaporada
3 limones

Se revuelven las leches y se les agrega el jugo de los limones. Se remojan las galletas en jerez o ron, se acomodan en un refractario en capas, y entre capa y capa se va vaciando la leche.

Carlota de galletas marías

1 paquete de cremel de vainilla (100 gramos más o menos)
1 1/2 taza de leche
1 lata de piña chica (400 gramos más o menos)
1/4 de crema dulce para batir
Nuez para adornar o bien cerezas

Con el cremel hervido con la leche se van remojando las galletas y colocando en capas en un refractario; entre capa y capa se le pone la piña picada. Al terminar se baña con la crema batida y se adorna con la nuez picada. Se mete a enfriar al refrigerador antes de servirse.

Carlota de soletas

3 docenas de soletas grandes o 5 chicas
1 lata de duraznos en mitades
1/2 litro de crema dulce
Azúcar glass y vainilla o jerez al gusto

Se bate la crema (helada previamente) hasta que quede dura, revolviéndole el azúcar y la vainilla. En un molde se van poniendo capas de soletas mojadas en la miel de los duraznos, terminando con soletas, o bien, con crema y duraznos encima, al gusto.

Budín de pan

2 piezas grandes de pan remojadas en leche
1/2 taza de azúcar
1/2 taza de pasas sin semilla
1/2 taza de ciruelas cocidas y picadas
1/2 taza de nuez picada
50 gramos de almendra picada
1/2 taza de biznaga picada
5 huevos batidos
Canela y nuez moscada al gusto

En un molde con caramelo se vacía el pan molido con todos los ingredientes, se mete al horno en baño de maría y se baña con miel con ron. El caramelo se hace poniendo al fuego una sartén con azúcar sin nada de agua y moviendo constantemente hasta tener la consistencia deseada.

Bolitas de chocolate

1 1/2 tazas de azúcar glass
3/4 de taza de cocoa
100 gramos de margarina
1 huevo

Se acrema la margarina y se le agrega el huevo batido y luego el azúcar cernida con la cocoa. Se hacen unas bolitas del tamaño de una nuez. Se revuelcan en azúcar glass y se meten al refrigerador.

Bolitas de nuez

1 paquete y medio de galletas marías
1 lata de leche condensada
100 gramos de nuez
1 cucharada de cocoa
1/2 taza de ron

Se muelen las galletas y las nueces y se le agregan los demás ingredientes. Se hacen bolitas y se espolvorean con azúcar.

Pasta de nuez

1 kilo de nuez (pesado sin cáscara)
1 kilo de azúcar
3/4 de litro de leche

Se pone a hervir la leche con el azúcar a punto de jamoncillo (que se le vea el fondo al cazo). Se retira del fuego y se le revuelve la nuez molida.

Nueces con canela

1/2 lata de leche condensada
200 gramos de azúcar pulverizada
150 gramos de nuez molida
50 gramos de canela

Incorpora la leche condensada con el azúcar y las nueces hasta formar una pasta. Haz bolitas del tamaño de una nuez y espolvoréalas con la canela.

Manzanas regias

A las manzanas se les quita el centro y en ese hueco se les ponen pasitas, un cuadrito de mantequilla, azúcar, polvo de canela y jerez. Se meten a horno suave más o menos media hora. Se sirven muy calientes.

Tarta de manzana

1 kilo de pasta de hojaldre se extiende con el rodillo y se coloca en el molde (como para pizza), sin engrasar.

Crema:
1 3/4 de tazas de leche
2/3 de taza de azúcar
3 yemas
5 cucharadas de harina
1/2 cucharadita de sal
1/2 cucharadita de vainilla

Todo se pone a hervir, sin dejar de mover, y se retira del fuego al tener el espesor deseado. Ya frío se extiende sobre la pasta de hojaldre. Aparte se pelan las manzanas y se cortan en medias lunas delgadas, cualquier clase de manzanas, Golden, Delicias, etc. Se colocan de la orilla del molde hacia adentro (el centro). Se les espolvorea azúcar y *kirsch* y se meten al horno caliente durante 15 minutos más o menos. Al sacarse se baña con mermelada de chabacano, la cual a su vez, se habrá hervido con una cucharada de agua y dos de azúcar.

Helado con leche condensada

Para cada lata de leche condensada, una lata de leche evaporada y 400 gramos de pulpa de fruta fresca (mango, mamey, fresa, etc.).

La leche evaporada se congela. Se bate con la batidora para que esponje y endurezca como claras a punto de turrón y se le incorpora la leche condensada, que ya tendrá licuada la fruta. Se mete al congelador y se conserva ahí hasta poco antes de servirse (no es necesario batirla).

Helado de malvavisco

1 paquete de malvavisco (15 ó 20)
1 lata de leche evaporada
Fruta cubierta al gusto

Se muelen los malvaviscos con la leche. Se le agrega la fruta picada y se mete a cuajar al congelador.

Helado de chocolate

Se pone a hervir una y media tazas de leche con una cucharada de maizena, 4 cucharadas de cocoa y 2 yemas de huevo. Cuando espesa se retira del fuego y se le agrega una lata de leche condensada. Se hiela. Cuando esté cuajado se bate en la batidora y se mete al congelador hasta la hora de servirse, adornándose con nuez picada, si se desea.

Masas de harina

Bizcochitos americanos

2 tazas de harina
4 cucharaditas de royal
1/2 cucharadita de sal
2 cucharadas de manteca o mantequilla
3/4 de taza de leche o mitad leche y mitad agua

Se cierne la harina con el royal y la sal, se unta a esto la manteca, muy ligeramente, y se añade el agua poco a poco. Se extiende esta masa sobre una tabla enharinada, con el rodillo, hasta darle un espesor de una pulgada (2 1/2 centímetros), teniendo especial cuidado en manipular la masa lo más ligeramente posible. Se cortan los bísquets y se meten al horno caliente por espacio de 15 a 20 minutos.

Masa para tortillas de harina

2 tazas de harina
2 cucharadas de manteca o margarina
3 cucharadas de azúcar (cuando se quieran dulces)
1/2 cucharadita de royal
1/4 cucharadita de sal
Agua o leche (la necesaria para amasar)

Se cierne la harina con el royal y la sal. Se le incorpora la manteca con un tenedor, luego agua bien caliente, la necesaria para formar una masa que se pueda extender con el rodillo.

La masa se corta en bolitas chicas que se extienden con el rodillo en una superficie enharinada y se cuecen en el comal (previamente calentado); no se voltean sino hasta que tengan tez, para que después se puedan esponjar.

Pizza

400 gramos de harina (3 tazas más o menos)
500 gramos de queso Chihuahua (4 tazas más o menos)
1 huevo
2 cucharaditas de royal
1 cucharadita de sal
Aceite de olivo
Camarones, jamón, angulas, anchoas, pollo o champiñones para adornar, al gusto
Salsa de jitomate preparada (jitomate, cebolla, ajo y pimienta).

Se hace una fuente con la harina cernida con el royal y la sal, y se forma una masa con el huevo entero, que deberá revolverse con agua helada, hasta llenar una taza. En una charola de horno o molde refractario, se echa un chorro de aceite de oliva y ahí se extiende con los dedos la masa; encima se le pone el queso rallado grueso, luego el adorno, ya sea de camarón, jamón, etcétera y por último se salpica con la salsa de jitomate y se mete a horno regular por 15 ó 18 minutos (no se debe dorar).

Pasta de hojaldre

1 queso crema
Mantequilla (lo que pese el queso)
Harina (lo que pese el queso)
3 cucharadas de agua helada

Hacerse la víspera, o cuando menos meterse al refrigerador una hora antes de hornearse. Sirve para pays, empanadas o palitos de queso (el horno debe estar a 300°C).

Bísquets

2 tazas de harina
4 cucharaditas de polvo de hornear
1/2 cucharadita de sal
1/3 de taza de aceite de maíz o manteca
3/4 de taza de leche helada

Se cierne la harina con el royal y la sal. Se le incorpora la manteca con el tenedor o con raspador y al último la leche. Se coloca la masa en una superficie enharinada. Se extiende con el rodillo y se cortan los bísquets. Se hornean durante 15 minutos más o menos a 220°C. Se cortan de 7 cms. más o menos.

Otras pastas

100 gramos de harina
100 gramos de mantequilla
100 gramos de crema espesa

Se mezcla todo y se mete al refrigerador cubierta con servilleta, para usarse al día siguiente.

1 taza de harina
3 cucharadas de manteca
3 cucharadas de leche helada

Se mezcla todo y se unta de huevo, si se quiere hojaldrada. Se hace la víspera de preferencia. Ambas pastas sirven para empanadas, galletas o pays.

Empanadas

2 tazas de harina
1 huevo entero
1 cucharadita de royal
1/2 cucharadita de sal
2 cucharadas de manteca o mantequilla
2 cucharadas de azúcar (cuando el relleno es dulce)
Agua (la necesaria para amasar)

Se forma una masa suave, se extiende con el rodillo al grueso y tamaño de una tortillita. Se rellenan las empanadas y se fríen.

Otras empanadas

A un cuarto de litro de crema se le incorpora la harina necesaria (con sal) para formar una masa que se pueda extender con el rodillo. Se hacen las empanadas, se rellenan al gusto y se fríen.

Galletas

Buñuelos de molde

1 1/2 tazas de leche
1 1/2 tazas de harina
3 huevos

Se revuelve todo. En esta mezcla se mete el molde, previamente calentado en el aceite, para freírse. Se debe quitar el exceso de aceite en el molde, con una servilleta de papel antes de mojarlo en el atole.

Polvorones

200 gramos de harina
125 gramos de manteca, mantequilla o margarina
75 gramos de azúcar granulada
Canela y azúcar glass para espolvorear

Se cierne la harina con el azúcar y se mezcla con la mantequilla. Se bate con la raspa o cuchara de madera y se van haciendo bolitas que se aplastan ligeramente hasta darle la forma de un polvorón. Se acomodan en una charola engrasada y enharinada y se meten a horno caliente. Al sacarlas se espolvorean con el azúcar glass y la canela.

Polvorones de nuez

250 gramos de mantequilla o margarina
2 tazas de nuez molida
2 tazas de harina
6 cucharadas de azúcar
2 cucharaditas de extracto de vainilla

Se bate la mantequilla y se le mezcla el resto de los ingredientes (con tenedor o cuchillo). Se mete a enfriar la masa al refrigerador, cuando menos media hora antes de hornearse a 200°C durante 15 minutos más o menos, cuando empiecen a dorar. Se hacen bolitas que se aplastan ligeramente para darles forma de polvorón. En caliente se espolvorean de azúcar glass.

Rosquitas

300 gramos de harina
100 gramos de azúcar
150 gramos de mantequilla o margarina
3 ó 4 huevos enteros más uno para barnizar
1 cucharadita de royal y azúcar para espolvorear

Se bate la mantequilla para que acreme y se le agrega el azúcar poco a poco, luego los huevos enteros, uno a uno; se sigue batiendo (a mano) y por último se le agrega la harina, previamente cernida con el royal y una pizca de sal. Hecha la masa se extiende con el rodillo a un cuarto de centímetro y se corta de modo que queden roscas. Se hornea hasta que doren.

Rosquitas de naranja

500 gramos de harina
250 gramos de manteca vegetal o mantequilla
50 gramos de azúcar granulada
1/4 de cucharadita de sal
1 cucharadita de bicarbonato
5 yemas de huevo
Raspadura de dos naranjas y jugo necesario para amasar
Azúcar glass con polvo de canela

Se cierne la harina con la sal. Se le mezclan los demás ingredientes con cuchara de madera o tenedor, hasta formar una masa tersa. Se forman rosquitas del grueso de un centímetro. Se hornean a calor regular y al sacarse se espolvorean de azúcar con canela. La masa se enfría en refrigerador, antes de hornearse, durante una hora.

Encaneladas

400 gramos de harina
100 gramos de azúcar
230 gramos de manteca vegetal
2 huevos enteros
1 cucharadita de royal
Azúcar granulada con canela o vainilla para espolvorear

Se acrema la manteca con el azúcar, luego los huevos y por último la harina, cernida con el royal. Se forma una masa suave y se hacen bolitas para meterse al horno en latas engrasadas y enharinadas.

Galletas de jengibre

460 gramos de harina
200 gramos de azúcar mascabado
230 gramos de manteca, mantequilla o margarina
4 huevos enteros
2 cucharadas de royal
Una pizca de sal
1 cucharadita de nuez moscada
Clavo, canela y jengibre

Se ciernen los polvos. Se hace una fuente en donde se desbaratan huevos con mantequilla, y si es necesario una poca de leche para formar una pasta suave. Se extiende la pasta con el rodillo y se cortan rectángulos con la carretilla. Se colocan en las latas (engrasadas y enharinadas), se barnizan con miel de abeja calentada y se meten al horno caliente durante diez minutos más o menos a que tomen color.

Cochinitos

500 gramos de harina
175 gramos de manteca de cerdo o vegetal
175 gramos de piloncillo
1 cucharadita de royal
Una pizca de sal

Se mezclan manteca y miel, ya fría, con la harina previamente cernida con royal y sal. Se extiende esta pasta con el palote a medio centímetro. Se cortan con un molde, se barnizan con agua. Se meten a horno caliente en latas engrasadas y enharinadas. La miel de piloncillo se hace en una taza de agua, con un pedacito de canela y otro de cáscara de naranja y se hierve hasta que esté de la consistencia deseada.

Calaveras (*chouz* de crema)

150 gramos de harina
100 gramos de mantequilla
5 huevos enteros
1 yema
1/2 cucharadita de sal
Azúcar glass para cubrir

Pon a hervir una taza de agua con la sal y, al soltar el hervor, agrégale mantequilla; cuando vuelva a soltar el hervor, agrégale la harina, moviendo siempre con cuchara de madera, hasta que espese como engrudo. Sígele meneando sobre el fuego por otros tres minutos y, al retirarlo, bátelo dos minutos más. Sírvele los huevos, de uno en uno, incluyendo la yema, sin dejar de batir hasta pasados diez minutos de haber servido el último huevo. Debe quedar una pasta bastante espesa. Repártela con cuchara sopera en latas, haciendo montoncitos, y mete éstos al horno muy caliente, en la sección del centro, por unos minutos. Cuando empiecen a dorar, reduce la temperatura a calor regular y déjalos otros diez minutos aproximadamente. Cuando salgan del horno, corta a los panecitos una capita y rellénalos con crema pastelera, volviéndolos a tapar y espolvoréandolos con azúcar pulverizada.

Sapos

2 tazas de harina
2 cucharaditas colmadas de royal
1/2 cucharadita de sal
1 cucharadita de azúcar
1 taza de leche

Se hace una masa y se extiende con el rodillo al grueso de una tortilla. Se cortan al tamaño de un bísquet y se fríen en aceite. Ya fríos, se abren y se rellenan con crema de maizena y por último se decoran con un copito de betún de claras y una cereza, o cualquier otra fruta en conserva.

Suspiros

250 gramos de claras de huevo
300 gramos de azúcar pulverizada
300 gramos de azúcar granulada
Gotas de limón al gusto y su raspadura
Nueces, si se desea

Se baten las claras y, ya que están duras, se les va agregando el azúcar granulada poco a poco, luego el azúcar pulverizada y se sigue batiendo por espacio de media hora, más o menos. Se pone la pasta en la bolsa de la duya, se hacen las rueditas sobre latas engrasadas y enharinadas y se meten a horno previamente calentado a 125°C, entre 10 y 15 minutos. Se puede poner también la pasta con cuchara. Ya apagado el horno se dejan media hora más.

Lenguas de gato

120 gramos de harina
120 gramos de azúcar granulada
120 gramos de mantequilla derretida
4 claras de huevo

Bate las claras a punto de turrón e incorpora poco a poco la harina cernida con azúcar y por último la mantequilla derretida. Ponga esta pasta en bolsa con duya y haz figuras en forma de soletas, sobre latas engrasadas y enharinadas y a horno caliente durante 8 ó 10 minutos más o menos.

Galletas con adorno de mermelada

450 gramos de harina
350 gramos de mantequilla
6 cucharadas de crema espesa
1 cucharadita de sal
1/4 de cucharadita de bicarbonato
1 huevo para barnizar
Azúcar pulverizada
2 cucharadas de azúcar granulada

Se cierne la harina con el bicarbonato y la sal. Se amasa con la raspa, cuchillo o pala de madera hasta formar una masa suave y tersa. Se extiende con el rodillo a medio centímetro y se cortan rueditas y anillos del tamaño de 2,5 cms. Las rueditas se barnizan con el huevo y encima se le ponen los anillos también barnizados. La masa se habrá enfriado en el refrigerador cuando menos media hora antes de hornearse a horno caliente, de 10 a 15 minutos. Al sacarse se espolvorean con azúcar glass y en el centro se les pone mermelada de chabacano, calentada previamente.

Galletas de chocolate y nuez

1/2 taza de mantequilla
1 2/3 de taza de azúcar
2 cucharaditas de vainilla
2 huevos
2 cuadritos de chocolate con leche derretido en baño de maría
2 tazas de harina
2 cucharaditas de royal
1/2 cucharadita de sal
1/3 de taza de leche
1/2 taza de nuez picada

Se acrema la mantequilla con el azúcar y la vainilla. Se agregan los huevos y luego el chocolate. Se le incorpora la harina, cernida con el royal y la sal, alternando con la leche, y por último las nueces. Esta masa se refrigera durante 3 horas más o menos. Se saca y se forman bolitas como de una pulgada. Se ponen en latas engrasadas, separadas dos pulgadas más o menos por espacio de 12 minutos, en horno a 175°C.

Galletas de especias

250 gramos de harina
150 gramos de mantequilla
4 huevos
1/2 cucharadita de clavo
1/4 de cucharadita de canela
1/4 de cucharadita de nuez moscada
1/4 de pimienta blanca
1/4 de jengibre
1 cucharadita de royal

Se acrema la mantequilla. Se le incorporan los huevos uno a uno, alternando con el azúcar. Se baten cinco minutos, y ya sin batir se le añade la harina cernida, las especias y el royal. En latas engrasadas y enharinadas se van echando cucharaditas de pasta. Se espolvorean con azúcar granulada y se les pone en el centro una pasita o nuez. Se meten a horno mediano.

Pastelitos de corn flakes

2 tazas de *corn flakes*
1 taza de azúcar glass
1 taza de nuez picada
1 taza de coco rallado
3 claras de huevo
1 cucharadita de extracto de vainilla

Se baten las claras a punto de turrón, se les mezclan todos los ingredientes y, en carteras engrasadas, se ponen montoncitos de la pasta; en el horno calentado previamente, se baja a calor medio y se dejan por espacio de 15 a 20 minutos.

Galletitas de *rice krispies*

4 tazas de *rice krispies*
1 taza de mantequilla
1 1/2 tazas de azúcar granulada
2 tazas de dátiles picados
1 taza de nueces o cacahuates picados
1 taza de coco rallado
2 huevos
2 cucharadas de leche evaporada
1 cucharadita de vainilla
1 cucharadita de sal

En una cacerola gruesa, se derrite la mantequilla, se agregan el azúcar y los dátiles y se deja hervir esta mezcla durante dos minutos, sin dejar de mover. Fuera del fuego, se agregan los huevos batidos con la leche y la sal. Se pone de nuevo al fuego y se deja hervir durante dos minutos más, moviendo constante-mente. Se retira del fuego y se le mezclan los *rice krispies*, los cacahuates o nueces y la vainilla. Se deja enfriar para formar bolitas del tamaño de una nuez de castilla y se revuelcan en el coco rallado.

Pasteles

Pastel de *hot cakes*

1 taza de azúcar
1 taza de aceite vegetal
1 taza de leche
4 huevos
2 tazas de harina preparada para *hot cakes*
1 cucharadita de vainilla

Se licúa todo, menos la harina. Se vacía lo licuado en un recipiente y se le incorpora la harina (queda grumoso). Se vacía al molde engrasado y a horno caliente a 250°C más o menos por 30 a 40 minutos.

Se baña con una miel preparada con mermelada o jerez. O bien, se espolvorea con azúcar glass.

Pastel de licuadora

2 tazas de harina
1 taza de azúcar
100 gramos de mantequilla o margarina
2/3 de taza de leche
2 huevos enteros
2 cucharaditas de royal
1 cucharadita de sal
1 cucharadita de vainilla o jugo y raspadura de naranja

(Cuando lleva naranja es media taza de leche y el resto de jugo a completar los 2/3)

Se baten los huevos, la mantequilla, el azúcar y la leche en la licuadora. Se vacía en un recipiente y se le incorpora la harina cernida. Se mete al horno a 200ºC más o menos.

Rosca

1 huevo entero
5 yemas
150 gramos de azúcar glass
150 gramos de harina con
1 cucharadita de polvo para hornear
1/2 cucharadita de sal

A las yemas y huevo, bien batidos se les agrega el azúcar, poco a poco; luego la harina cernida, envolviendo, y por último las claras batidas a punto de turrón y se mete al horno a 200ºC de 20 a 25 minutos.

Pastel de manzana y naranja

2 1/2 tazas de harina
1 1/2 cucharaditas de canela, clavo y jengibre molidos
1 cucharadita de royal
1 cucharadita de sal
1 cucharadita de carbonato
1/2 taza de mantequilla o margarina
1 3/4 de tazas de azúcar blanca
1/2 taza de leche
2 tazas de manzanas peladas y ralladas
1 taza de pasitas sin semilla
1 taza de nueces picadas

3 huevos
1 cucharadita de vainilla

Se cierne la harina con especias, el royal, el carbonato y la sal. Se acrema la mantequilla y se agrega el azúcar, poco a poco y luego los huevos, uno a uno, hasta que esté esponjosa; se le revuelven las manzanas y la vainilla. Por último se incorpora la harina, alternando con la leche y se agregan las pasitas y las nueces. Se vacía en tres moldes engrasados y enharinados, de ocho pulgadas, y se hornea durante 35 minutos más o menos a 200°C. Se sacan y se dejan enfriar para unirlos con el siguiente relleno:

Relleno y betún de naranja

1/2 taza de mantequilla o margarina
450 gramos de azúcar glass
1/4 de taza de juego de naranja
4 cucharadas de raspadura de naranja
Una pizca de sal
1 cucharadita de vainilla
100 gramos de queso crema

Se acrema la mantequilla, agregándole poco a poco el azúcar, alternando con el jugo de naranja, hasta que esté suave y por último se le mezclan tres cucharadas de raspadura, la sal y la vainilla.

Aparte, se suaviza el queso crema y se le bate media taza de la mezcla de naranja y la cucharada de raspadura restante. Se usa esta mezcla para el relleno del pastel y el resto como betún. Si se desea, se puede adornar con mitades de nuez y rebanadas delgadas de manzana.

Red velvet cake

1/2 taza de mantequilla
1 1/2 tazas de azúcar blanca
2 huevos
1 cucharadita de vainilla

Se bate la mantequilla hasta que acreme, se agregan poco a poco el azúcar, los huevos y la vainilla.

2 tazas de harina cernida
1 cucharadita de sal
1 taza de jocoque
60 gramos de colorante vegetal rojo
2 cucharadas de cocoa

Se revuelven todos estos ingredientes y se incorporan a la mezcla anterior. Por último, se agrega una cucharadita de carbonato, disuelta en una cucharada de vinagre. Se vacía en molde de 20 x 30 centímetros previamente engrasado y enharinado, y se hornea a 200°C, durante 30 minutos más o menos.

Betún

1 taza de leche
1/4 de taza de harina
Una pizca de sal

Se hierve esto hasta que espese y se enfría. Mientras tanto, se bate hasta que esponje.

1 taza de azúcar blanca

1/2 taza de mantequilla
1 barrita de 100 gramos de margarina
1 cucharadita de vainilla

Se agrega esto a la mezcla de leche y harina y se bate hasta que esté suave.

Pay de limón

30 galletas marías ralladas
80 gramos de mantequilla

Se hace una pasta y se pone en un molde.

Relleno:

1 lata de leche condensada
3 yemas
3 limones,
Jugo y raspadura de un limón

Betún:

Se baten las 3 claras de huevo y se les ponen, una por una, 5 cucharadas de azúcar y una cucharadita de extracto de vainilla. Se meten al horno medio durante 15 ó 20 minutos.

Pastel de naranja
(Nuez, vainilla, chocolate, almendra o avellana)

2 1/2 tazas de harina
1 1/4 tazas de azúcar
7 yemas
1 taza de claras
3 cucharaditas colmadas de polvo para hornear
1 cucharadita de sal
1/2 taza de aceite de maíz (de preferencia)
1 taza de jugo de naranja o
1 taza de agua con 1 taza de nuez o avellana o almendra o bien
2 cucharaditas de extracto de vainilla
1 taza de agua en ebullición con 1/2 taza de cocoa

Con la harina cernida tres veces con el polvo para hornear y la sal, se hace una fuente. En el centro se ponen las yemas, se les incorpora el aceite, luego el azúcar y por último la harina, alternando con el jugo de naranja y una cucharada de raspadura, si se quiere de más sabor. Este batido se hace a mano con una cuchara de madera, para que le entre aire. Por último se envuelve con las claras batidas a punto de turrón. Se hornea en molde de rosca a 200°C durante unos 30 minutos más o menos.

Pastel de limón

3/4 de taza de mantequilla o margarina
3/4 de taza de leche
1 1/4 taza de azúcar
2 1/2 tazas de harina
8 yemas

3 cucharaditas de polvo para hornear
1/4 cucharadita de sal
El jugo de un limón
1 cucharadita de vainilla
1 cucharadita de raspadura de limón

Se baten la mantequilla, el azúcar y las yemas hasta que tengan un color claro y esté esponjosa la mezcla. Luego se le agrega la harina cernida, alternando con la leche, el limón y la vainilla y por último las claras a punto de turrón. Se mete al horno calentado a 200°C.

Brazo gitano

8 huevos
130 gramos de harina
130 gramos de azúcar

Relleno:
4 yemas
150 gramos de azúcar
1/2 litro de leche
2 cucharadas de maizena
1 cucharadita de extracto de vainilla
Raspadura de medio limón

Se baten las claras a punto de turrón. Las seis yemas y los dos huevos enteros se baten con el azúcar a punto de listón. Fuera de la batidora se le incorporan a las yemas las claras, alternando con la harina y envolviendo para que no se bajen. Esta pasta se vacía en una charola de 42 x 25 centímetros, forrada de papel estraza, sin engrasar. Se mete a horno previamente calentado de 15 a 20 minutos más o menos (que truene la pasta al aplastarla suavemente). Se saca del horno y se pone boca abajo sobre una servilleta húmeda y espolvoreada con azúcar. Rápidamente se le quita el papel, se le pone la crema, procurando dejar libres dos dedos todo alrededor y con ayuda de la misma servilleta, se enrolla. Se deja envuelto en la misma servilleta hasta que esté tibio. Se pasa a un platón, se le cortan las dos cabezas y se adorna con azúcar pulverizada, nueces y cerezas, si se desea.

Manera de hacer la crema:

Se licúan las yemas, el azúcar, la leche, la maizena y la vainilla. La mezcla se vacía en una cacerola, se le agrega la raspadura del limón, se pone al fuego, sin dejar de mover, y se deja hervir hasta que espese.

Pay de queso - 1

1 lata de leche condensada condensada
4 ó 5 huevos
2 cucharaditas de maizena
300 gramos más o menos de queso crema

Se licúa todo, excepto las claras, que se batirán a punto de turrón para incorporarse al último. Se vacía en un molde de pay engrasado y se mete a horno previamente calentado a 225°C hasta que dore.

Pay de queso - 2

1 paquete de galletas marías
200 gramos de mantequilla o margarina
5 huevos
1/4 de queso crema
1 lata de leche condensada

Con las galletas molidas y la mantequilla se hace una pasta, con la cual se forra el refractario para pay. Se baten en la licuadora la leche con el queso y las yemas. Aparte se baten a punto de turrón las claras y se le incorporan. Se vacía en el refractario untado con mantequilla y se mete a horno previamente calentado a 200°C, hasta que esté dorado.

Pay de queso - 3

1 1/2 paquetes de galletas marías
1 lata de leche condensada
2 barritas de mantequilla
2 limones grandes
2 huevos enteros
1 queso Filadelfia de 225 gramos

Se forma la pasta con las galletas y la mantequilla y se forra el molde. Se le vacía el resto de los ingredientes licuados. Se mete a cuajar al horno y al sacarlo se baña con mermelada de zarzamora.

Pay de limón

1 taza de harina
80 gramos de manteca de cerdo
1/2 de cucharadita de polvo para hornear
1/4 de cucharadita de sal

Se le revuelve a la harina, ya cernida con el polvo para hornear y la sal, la mitad de la manteca y se amasa con agua helada. Se extiende con el rodillo y se le unta la mitad de la manteca que quedó. Se dobla la masa en cuatro y luego se vuelve a extender y se hace lo mismo con la última manteca y se acomoda en el refractario engrasado. Se pica con un tenedor y se mete al horno previamente calentado, a temperatura regular hasta que empieza a dorar. Se saca para ponerle el relleno.

Relleno:
Se ponen a hervir 1 1/2 tazas de agua con 3/4 de taza de azúcar y 1/4 de cucharadita de sal, 5 cucharadas de maizena y raspadura de un limón. Se mueve constantemente hasta que espese. Se retira del fuego y se le agregan 2 yemas, una cucharadita de mantequilla y 6 cucharaditas de jugo de limón. Con las dos 2 claras a punto de turrón y 2 cucharadas de azúcar, se cubre el pay se mete al horno a que dore.

Rollos de canela

Se extiende la masa de bísquets con un espesor de 1 centímetro. Se unta mantequilla derretida y se espolvorea con una mezcla de media taza de azúcar y 2 cucharaditas de polvo de canela, y si se desea, media taza de pasitas. Se enrolla como "niño envuelto". Con un cuchillo filoso se cortan rebanadas de 2 centímetros de grueso. Se ponen en carteras de lámina engrasadas en horno caliente a 200°C de 15 a 20 minutos.

Pay de piña

4 huevos
4 cucharadas de harina
2 cucharaditas de polvo para hornear
2 cucharadas de azúcar
1/2 cucharadita de vainilla
Una pizca de sal
Jugo de una lata de piña de 400 gramos, hervido con 3 cucharadas de azúcar

Se baten las yemas con el azúcar a punto de ojito. Se le agrega la harina cernida tres veces con el polvo para hornear y la sal y al último las claras a punto de turrón. Esta pasta se vacía en un molde refractario de pay, untado con grasa y a horno caliente durante 10 minutos. Se pica al sacarlo del horno y se baña con la miel preparada con el jugo de la piña. Se parte la piña en cuadritos y se le pone encima la mitad y encima de ésta la siguiente crema:

3 yemas
1 1/2 tazas de leche
2 cucharadas de maizena
5 cucharadas de azúcar
1 cucharadita de vainilla
Una pizca de sal

Se disuelve todo en la leche, excepto la vainilla, que se agregará fuera del fuego, para que hierva hasta que espese.

Encima de esta crema se le ponen las tres claras, batidas a punto de turrón con 2 cucharadas de azúcar y una cucharadita de cremor tártaro, y se adorna con la mitad de la piña restante.

Pastel de huevo

1/2 kilo de harina (3 1/2 tazas)
1/2 kilo de mantequilla
1/2 kilo de huevos (8 huevos)
400 gramos de azúcar
2 cucharaditas de polvo para hornear
1 cucharadita de sal
1 taza de leche más o menos
1 taza de jugo de naranja o
1 taza de agua con 1 cucharadita de extracto de vainilla o almendra

Se bate la mantequilla hasta que esponje y se le agregan los huevos, el azúcar y por último la harina cernida con polvo para hornear y sal, alternando con la leche. Se le incorpora la harina y el líquido envolviendo y por último se mezcla bien con la batidora. Queda la masa grumosa. Se hornea a temperatura de 200°C durante 40 minutos.

Pastel sol brillante

1 taza de harina
1 taza de azúcar
8 yemas de huevo
10 claras de huevo
1 cucharadita de cremor tártaro

Se baten las yemas con la mitad del azúcar hasta que hagan ojitos. Aparte se baten las claras un poco y se les agrega el cremor tártaro. Se siguen batiendo hasta que estén a punto de turrón y se les agrega la otra mitad del azúcar y la vainilla. Se mezclan los batidos y por último se les incorpora la harina, cernida tres veces. Se vacía a un molde humedecido y a calor regular durante 50 minutos.

Betún helado para el pastel:

2 tazas de leche
1 taza de crema dulce
3 yemas
1/2 taza de azúcar
1 cucharada de gelatina sin sabor
1 cucharadita de vainilla
1/4 de cucharadita de sal
Nuez picada o cerezas para adornar

Se disuelve la grenetina en un cuarto de taza de agua caliente y la leche, con el azúcar, yemas y sal. Se pone al fuego, moviéndole constantemente y cuando suelta el hervor se retira del fuego y se le agrega la gelatina para que se disuelva perfectamente. En seguida se pone a helar y cuando empieza a cuajar, se le agrega la crema batida con la vainilla.

Si se hace en molde de rosca, se pone esta crema en el centro y el pastel se adorna con las cerezas o las nueces. Si el molde es redondo, se abre el pastel a la mitad y en medio se le pone crema y con el resto se cubre el pastel.

Chiffon cake

2 1/2 tazas de harina
3 cucharaditas rasas de polvo para hornear
1/2 cucharadita de sal
1 1/2 tazas de azúcar (para el de maple, la mitad morena)
1/2 taza de aceite de preferencia de maíz
5 yemas
1 taza de claras
1/2 cucharadita de cremor tártaro
1 taza de nuez finamente picada
3/4 de agua fría con una cucharadita de extracto de maple o
3/4 de agua fría con una cucharadita de extracto de vainilla, almendra, o bien
3/4 de jugo de naranja y una cucharadita de raspadura o 1/3 de taza de agua con una taza de plátanos machacados.

Se cierne la harina con el polvo para hornear y la sal tres veces. Se hace una fuente y ahí se ponen las yemas para revolverles el azúcar y aceite, alternando. Por último se incorpora la harina, alternando con 3/4 de agua con sabor, las claras, que se habrán batido a punto de turrón con el cremor tártaro, y al final la nuez.

Pastel de chocolate y nuez

6 huevos enteros
250 gramos de nuez molida
6 barras de chocolate
1 barra de mantequilla (125 gramos)
125 gramos de azúcar
3 cucharaditas de cocoa
1 cucharada de leche

Se derrite el chocolate con la mantequilla, se le agrega el azúcar, la cocoa y la leche. Se baten los huevos con la nuez y se mezclan a lo anterior. Se vacía en molde forrado de aluminio y engrasado con mantequilla. Se mete a horno a temperatura media por una hora más o menos. Se le pone betún al gusto.

Pastel de manzana - 1

7 manzanas
100 gramos de mantequilla
100 gramos de nuez picada
1 taza de harina
1 taza de leche
1/2 taza de azúcar
4 huevos
1 cucharadita de royal
1/2 cucharadita de sal
Una raja de canela

Se baten los huevos con el azúcar. Se le incorpora la harina cernida con royal y sal, alternando con leche y mantequilla derretida. Se pelan y rallan las manzanas, y de una en una se le van mezclando a la masa. Se revuelve todo y se vacía en un refractario. Se cubre con la nuez picada, la canela desbaratada con la mano y una poca de azúcar, y se mete al horno como 20 minutos. Se sirve caliente.

Pastel de manzana - 2

De 4 a 5 manzanas peladas y picadas finamente
1 1/2 tazas de azúcar
2 tazas de harina
4 huevos
2 cucharaditas de polvo de canela
1 cucharadita de polvo para hornear
1 cucharadita de bicarbonato
1/2 taza de aceite de maíz
Nuez picada o pasitas, al gusto

Se revuelve todo y al último la manzana y la nuez. Se mete al horno en molde engrasado a temperatura de 225ºC.

Torta de garbanzo

1/2 kilo de garbanzo
350 gramos de azúcar granulada
200 gramos de mantequilla
8 huevos
2 cucharaditas de polvo para hornear
Frutas cubiertas: 1 naranja, 2 higos, pasitas o almendras picadas, al gusto

El garbanzo remojado la víspera se cuece, se pela y se cierne. Se vacía en la licuadora con todos los ingredientes. Se pone todo en un recipiente y se le incorporan las claras batidas a punto de turrón, las frutas picadas y el polvo para hornear. Se vacía a molde engrasado y se mete al horno a temperatura mediana durante 40 minutos más o menos. Se hace una miel ligera con agua y azúcar y se perfuma con coñac o extracto de almendra y con ésta se baña cada ración.

Pastel niño envuelto

150 gramos de mantequilla
200 gramos de azúcar glass
200 gramos de harina
8 huevos
4 cucharaditas de polvo para hornear
Una pizca de sal

Se bate la mantequilla hasta acremarse y se le agregan las yemas y luego el azúcar. Se cierne la harina tres veces con el polvo para hornear y la sal, se le incorpora y por último las claras a punto de turrón, envolviendo.

En un molde de 50 x 30 centímetros más o menos, previamente engrasado y con papel de estraza, se vacía la pasta y se mete a horno a temperatura media de 10 a 15 minutos. Se saca del horno y se voltea sobre un trapo húmedo. Se unta con mermelada de chabacano y se enrolla. Pasados unos 10 minutos se desenrolla.

Pastel al revés

1 taza de harina
6 huevos
1 taza de azúcar
1 cucharadita de polvo para hornear

1 cucharadita de vainilla o jugo de limón
1 lata de rebanadas de piña
1 taza de azúcar para el caramelo
1/2 barra de mantequilla (100 gramos más o menos)
Cerezas o fresas para adornar

Se hace caramelo con la taza de azúcar. Se extiende en todo el molde, se le acomodan las rebanadas de piña y en los huecos se le ponen las fresas o cerezas y se le vacía la masa, que estará hecha en la forma siguiente: se baten las claras a punto de turrón, se le agrega el azúcar poco a poco, en seguida la harina cernida tres veces con el polvo para hornear y la sal, alternando una yema y una cucharada de harina, y por último la mantequilla derretida. Se hornea a temperatura media.

Pastel de plátano

3/4 de taza de margarina
1 taza de azúcar
2 huevos
2 1/2 tazas de harina
1 1/4 tazas de plátano tabasco machacado
1/4 de taza de leche o crema
1 cucharadita de vainilla
1 cucharadita de carbonato
1/2 cucharadita de polvo para hornear

Se acrema la margarina y se le agregan el azúcar, las yemas y el plátano machacado. Después se le incorpora la harina ya cernida con polvo para hornear, sal y carbonato, alternando con la leche, y por último las claras batidas a punto de turrón y la vainilla, y a horno caliente a 200°C de 20 a 25 minutos. Se decora con crema batida y rueditas de plátano.

Pastel de claras

2 tazas de harina
2 1/2 cucharaditas de polvo para hornear
1 cucharadita de sal
1 taza de azúcar
1/2 taza de mantequilla o margarina (100 gramos más o menos)
3/4 de taza de leche
1 cucharadita de vainilla
3 claras de huevo (1/2 taza más o menos)

Se acrema la mantequilla con el azúcar. En seguida se le agregan alternando, la leche con la harina, que ya estará cernida tres veces con polvo para hornear y sal, y por último la vainilla y las claras batidas a punto de turrón (éstas ya no se baten, sólo se envuelven). Se mete a horno caliente, dividido en dos moldes, de 20 a 25 minutos.

Relleno de limón:

1/4 de taza de maizena
1/4 de cucharadita de sal
2/3 de taza de azúcar
1 taza de agua

Se disuelve todo en el agua y cuando empieza a espesar se le agregan dos yemas y se deja hervir dos minutos más. Ya fuera del fuego se le ponen 3 cucharadas de jugo de limón y la raspadura de uno.

Betún de coco:

2 claras
1 1/2 tazas de azúcar
1/3 de taza de agua
2 cucharadas de miel de maíz
50 gramos más o menos de coco rallado
Una pizca de sal

Todo revuelto se pone en baño de maría, batiéndolo durante siete minutos. Cuando está espeso se le revuelve el coco y una cucharadita de vainilla

Pastel suizo

180 gramos de mantequilla
220 gramos de azúcar
125 gramos de almendras
25 galletas marías
1 paquete de chocolate amargo
6 huevos
Cerezas y azúcar glass

Se acrema la mantequilla en la batidora y se le agregan las yemas y el azúcar, alternando. Luego el chocolate, previamente derretido en baño de maría. Después se le mezclan las galletas y las almendras, ambas molidas, y por último las claras batidas a punto de turrón. Se vacía en cacerola engrasada. Se cuece con flama suave de 30 a 40 minutos. Se decora con azúcar glass y florecitas formadas con las cerezas.

Pastel de avena

1 taza de avena
100 gramos de margarina
1 taza de azúcar morena
2 huevos
1 1/2 tazas de harina
1 cucharadita de carbonato
1 cucharadita de sal
1 cucharadita de canela

A la taza de avena se le vacía 1 1/2 tazas de agua hirviendo y se deja enfriar; se acrema la margarina y se le agrega azúcar, huevos y por último harina cernida con carbonato, sal y canela. Se vacía en un molde largo engrasado y se mete a horno a 200°C de 30 a 35 minutos.

Betún:

100 gramos de margarina
3/4 de taza de azúcar morena
1 cucharada de leche
1 taza de nuez
1 taza de coco rallado

Se pone en el fuego leche con margarina y azúcar a que hierva un minuto. Fuera del fuego se le agrega la nuez y el coco y con esto se baña el pastel caliente. Por último se mete al horno unos 2 a 3 minutos a que se dore.

Pastel de frutas secas

1 1/2 kilo de frutas secas surtidas
(menos de manzana y más de chabacano)
1 kilo de manzanas frescas
1 panqué grande de nuez
1/2 litro de vino blanco semi dulce
150 gramos de mantequilla
1 1/2 tazas de azúcar
50 gramos de piñones
100 gramos de nuez picada

Se pelan las manzanas y se ponen al fuego con la mantequilla y 3/4 de taza de vino y el azúcar. Se tapa y se deja hervir a fuego lento, hasta que las manzanas no sepan ácidas. Mientras, el panqué se pone en un traste y se rocía con 3/4 de taza de vino. Se desbarata con un tenedor. Se pican las frutas, menos las pasitas. Se agregan a la manzana y el vino sobrante. Se deja hervir un poco y se prueba de dulce; por último se le agrega el panqué y se deja hervir de 10 a 15 minutos, hasta ver el fondo del cazo. Se engrasa un molde de gelatina, se le vacía ya frío y se aprieta. Se adorna con los piñones.

Rosca de almendra y kirsch

200 gramos de harina
120 gramos de mantequilla
8 huevos
2 copitas de *kirsch*
1 cucharadita de extracto de almendra
250 gramos de azúcar
200 gramos de almendra o avellana

Las almendras molidas se remojan con el *kirsch* y una poca de azúcar. Aparte, se bate el azúcar con las yemas hasta obtener una pasta homogénea y blanca. Se añaden después las almendras, luego la mantequilla derretida, en seguida la harina, y al último las claras a punto de turrón, envolviendo. Se vacía en molde de corona, engrasado y enharinado y a horno caliente durante 45 minutos más o menos. Una vez frío se cubre con mermelada de chabacano y un poco de *kirsch* y además se baña con jarabe preparado con azúcar y perfumado con *kirsch*. El centro se llena con crema chantilly, o bien crema de maizena y se adorna con fruta cubierta verde y cerezas.

Betún de claras

1/3 de tazas de claras
1 taza de azúcar granulada
1/3 de taza de agua
1/2 cucharadita de cremor tártaro

Se hierve en el agua el azúcar y el cremor, hasta que la miel hace hebrita. Ya se tendrán batidas las claras a punto de turrón y se les incorpora la miel poco a poco, batiendo hasta que enfríe y esté a punto de untarse.

Betún de chocolate

2 tazas de azúcar glass
4 cucharadas de mantequilla
1 cucharadita de vainilla
2 cuadros de chocolate amargo o

2 cucharadas de cocoa
4 cucharadas de leche bien caliente o la necesaria para obtener la consistencia deseada.

Se cierne el azúcar con la cocoa, se le agrega la mantequilla y por último la leche caliente, poco a poco, hasta que quede perfectamente mezclada (cuando es chocolate en tablilla, se derrite en baño de maría).

Betún de crema y fresas

1/2 litro de crema dulce
1/2 kilo de fresas

La crema que se habrá helado previamente, se bate y se le agregan las fresas (la mitad) aplastadas con un tenedor (la crema se bate poco a poco con azúcar glass). Se adorna el betún con la mitad de las fresas restantes.

Índice

Esta obra se terminó de imprimir en abril de 1999
en los talleres de Impresos y Acabados Marbeth, S.A. de C.V.
Privada de Álamo No. 35, Col. Arenal
C.P. 02980, México, D.F.